JN319773

オリンピックに勝つ物理学

「摩擦」と「抵抗」に勝機を見出せ！

望月 修 著

ブルーバックス

カバー装幀／芦澤泰偉・児崎雅淑
カバーイラスト／岡田航也
本文デザイン・図版制作／二ノ宮匡（TYPEFACE）
本文イラスト／今野友博

プロローグ　金メダルを獲るために、物理学にできること

根性だけでは、ライバルに勝てない！

　ここで言いたいのは、しゃかりきになって練習することに意味がない、ということではない。むしろ、科学的探究が明らかにしてきた物理の法則を味方につければ、トレーニングで鍛え上げたアスリートとしての能力に「プラスアルファ」の――そして、それは決して無視できないほどの効果をもつ！――力を得ることができるということを伝えたいのだ。

　その効果を知れば、身長１ｍ95㎝もの巨体を誇るウサイン・ボルトが、なぜかくも驚異的なスピードで１００ｍを駆け抜けられるかがたちどころにわかる。世界記録の陰に物理学あり、なのである。

　私が専門とする流体工学は物理学の一ジャンルで、空気や水など、流れる物体＝流体の中で、走ったり飛んだり、あるいは泳いだり滑ったりする際に、どんな現象が起きているのかを研究する学問である。キーワードは「摩擦」と「抵抗」だ。詳しくは本文に譲るが、まずはそれを象徴する有名なシーンを思い出していただくことにしよう。

ヨットに着想を得たハイテク水着

２０００年９月16日――シドニーオリンピック競泳男子４００ｍ自由形において、すさまじい記録の登場に世界中が驚いた。当時17歳のイアン・ソープは身長１ｍ95㎝、体重86㎏の巨体全身を黒い水着で覆《おお》っていた。

１９９８年の世界水泳選手権で史上最年少で金メダルを獲得した逸材として知られ、大会前から大きな期待を集めてはいたものの、初挑戦となるオリンピックでの結果は、予想をはるかに凌《しの》ぐものであった。４００ｍ自由形の記録を１９９６年のアトランタオリンピックより約７秒も縮めてみせたのである。

従来の常識ではとうてい考えられない、驚異的なスイマーの登場であった。実は、ソープのまとった水着には、ある仕掛けが用意されていた。水の摩擦抵抗を８％ほど減らす工夫が施されていたのである。サメのうろこをまねた１００μｍ（10分の１㎜）間隔という細かな微細構造（リブレットという）が、水着表面につけられていたのである。

これにより、スイマーの体表近くの水流の乱れを抑え、摩擦抵抗を下げていたのだ。この構造は顕微鏡で見ないかぎり確認できないほどの微細なもので、外見からだけでは、誰も気がつかなかった。のちにサメ肌水着として知られるハイテクスイムスーツの華やかなデビューだった。

サメ肌水着の誕生には、水泳とは異なる別の競技が一役買っている。舞台となったのは、1987年に開催された世界的ヨットレース「アメリカズカップ」だ。アメリカズカップ87において、オーストラリアチーム（ロイヤル・パース・ヨットクラブ）からカップを奪回するためにアメリカチーム（サンディエゴ・ヨットクラブ）は「スターズ・アンド・ストライプス（Stars and Stripes）87」と名づけられたヨットの船体に、サメのうろこをまねたリブレットを使ったのである。

結果は、4－0でアメリカチームの圧勝であった。この結果を知って、リブレットを水着に適用しようと発想したのは当然であろう。シドニーオリンピック前のアトランタオリンピックでは、いかに生地表面の凹凸をなくして平滑化するかを目指したのに対し、サメ肌水着はそれとはまったく逆の発想で凹凸をつけるというものであった。

生物の体構造に学ぶ「バイオミメティクス」という工学の分野があるが、サメのうろこに学んだリブレットは、まさにこの学問が生んだ成果である。サメ肌水着は、日本のスポーツ用品メーカーであるミズノの松崎健氏が技術的サポートをして開発したものである。ソープによる驚異的な記録樹立を契機として、各社が水着開発にしのぎを削ることとなった。

抵抗を抑え、摩擦を利用する

速度を競うスポーツは、運動を妨げようとする抵抗力との闘いである。空気や水の中で移動するとき、空気抵抗や水の抵抗が体に作用する。これらの抵抗は抵抗係数、流体の密度、体の面積、移動速度の2乗などに比例する。なかでも、「移動速度の2乗に比例する」点が重要だ。なぜなら、速くなればなるほど、抵抗はその速度の2乗で大きくなることを意味するからである。したがって、抵抗をいかに小さくできるかが、記録向上の重要なキーポイントとなる。

そこで、われわれ〝工学屋〟の登場だ。

流体工学の成果がオリンピック競技に貢献できるのは、抵抗係数を最小限に抑えることができるからだ。体の面積を調整することは選手個々の努力にゆだねられるが、ウェアで何とかするのであれば、工学に出番が回ってくる。

また、移動速度をアップするための推進力をいかに上げるか、ということも重要である。選手たちは日頃から、練習によってこれを上げようと努力している。推進力を生み出す筋肉を鍛えるのはもちろん選手だが、この筋力をいかにうまく推進力に換えられるかということに関しては、原理は物理学に基づくし、それを実現する方法を構想するのは工学である。

「えっ？　筋力を鍛えれば当然、推進力は上がるんじゃないの？」とお考えの人も多いだろう。

だが、ちょっと考えてみてほしい。ものすごいパワーのエンジンを積んだ車でも、ぬかるみでは力強く走れないことは容易に想像できるはずだ。

なぜか？　タイヤとぬかるんだ路面との間の摩擦が小さいために、エンジンが生み出すパワーをうまく路面に伝えられないからだ。工学屋の仕事は、そのような状況でも最大限の力で動けるような、エンジンのパワーをムダにすることなく伝えられるしくみをつくることにある。

スポーツに置き換えれば、たとえば陸上競技のシューズがこれにあたる。選手の脚力が生み出すパワーを地面にロスなく伝える装置として、シューズの果たす役割はきわめて重要である。シューズづくりは、まさしく工学そのものなのだ。

科学的金メダル奪取法

ところでみなさんは、１９３２年（昭和７年）のロサンゼルスオリンピックと１９３６年（昭和11年）のベルリンオリンピックで、日本競泳陣がアメリカを圧倒し、水泳王国ぶりを世界に見せつけたことをご存じだろうか？

この結果に衝撃を受けた各国がその強さの秘密を科学して、日本に勝つために躍起になった時代があるのである。水泳王国の座を失ったあと、日本人は体力や体格で欧米人に劣ることを嘆き、長い間寂しい結果に甘んじてきた。

バレーボールも然《しか》りである。1964年（昭和39年）、地元・東京オリンピックで「東洋の魔女」と讃えられた女子バレーボールチームが金メダルを獲得したのは、知恵と新技の結果であった。これも各国が研究を重ね、やがて日本を凌ぐようになった。この競技においてもまた、体格が違うことに甘んじて、長期低迷状態にいたっている。

だが、根性だけが勝利の要因ではないように、体格や体力の差だけで結果が決まるわけではない。

2012年1月にオーストリアで開催された第1回冬季ユース五輪で、15歳の高梨沙羅選手がジャンプ女子で金メダルを獲得したというニュースが飛び込んできた。身長1m51㎝、体重42㎏の小柄な中学生は、表彰台で並んだ銀、銅メダルの選手と比べても頭ひとつ分くらい小さい。詳しくは本文で解説するが、スキージャンプでは大きいほうが体で風を受ける面積が大きくなるので有利である。それにもかかわらず、彼女は圧倒的な差をつけて勝利した。

先の水泳王国時代の選手も小柄だった。つまり、体格の差を補う技や工夫、知恵が存在するはずなのである。

金メダルを獲るための工夫を科学的、技術的に考える必要がある。スポーツで使う道具に関しては、ウェア、シューズ、ボール、棒などのメーカーの技術者が努力を重ねている。

たとえば、砲丸投げに用いられる砲丸の重さは、男子用が7260g、女子用は4000gと決まっている。重心が中心にあるものほどよく飛ぶが、正確に重心を中心にもつ砲丸を作製できるのは、世界でも埼玉県富士見市にある辻谷工業だけだという。同社は、旋盤だけで砲丸をつくる技術をもっている。職人技が選手の記録を後押しする好例だ。

また、2010年に行われたサッカーのワールドカップ南アフリカ大会では、本田圭佑選手の無回転シュート、いわゆるブレ球が話題となったが、それもまた彼の技術だけで生まれたものではない。本田選手の履いていたシューズに、秘密が隠されていたのである。

そのシューズを生み出したのは、ミズノの鳴尾丈司氏だ。氏はもともと、ゴルフクラブの開発に携わっていたが、クラブのヘッドの摩擦に関する研究成果をサッカーシューズに転用したのである。詳細を解説するPART3を楽しみにしてほしい。

私自身は、スポーツに関して平均以下の運動神経しかもっておらず、何をやっても中途半端ではあるが、日本人選手に金メダルを獲ってもらいたいという気持ちは人一倍強い。そのきっかけとなったのが、1980年代後半に、当時スキージャンプの日本代表総監督を務めていた中村圭彦《きよひこ》氏の依頼によって、ジャンパーの空中姿勢を科学的に解析したことだ。「最近の若い選手を納得

	流体工学が関わる	ボールなどの運動に流体工学が関わる
夏季オリンピック種目（第30回ロンドン） 全33競技中23競技	陸上競技・競泳・飛込み・シンクロナイズドスイミング・カヌー・ボート・セーリング・自転車・ライフル射撃・クレー射撃・近代五種・アーチェリー・トライアスロン	水球・サッカー・テニス・バレーボール・バスケットボール・ハンドボール・卓球・バドミントン・ホッケー・ビーチバレー
冬季オリンピック種目（第21回バンクーバー） 全15競技中全競技	アルペン・クロスカントリー・ショートトラックスピードスケート・ジャンプ・スケルトン・スノーボード・スピードスケート・ノルディック複合・バイアスロン・フィギュアスケート・フリースタイル・ボブスレー・リュージュ	アイスホッケー・カーリング

流体工学が関わるオリンピック競技

させるには、客観的なデータが必要なんです」という中村氏の言葉に背中を押されて飛行姿勢を分析した。当時のジャンパーの中には、１９９２年のアルベールビルから２０１０年のバンクーバーまで、史上最多となる計６回の冬季オリンピックに出場した葛西紀明選手も含まれていた。

以来、空気や水の流れによる抵抗力を研究する流体工学の専門家（私自身は「工学屋」と称している）として、「選手たちをどのようにサポートできるか？」を考え続けてきた。

オリンピック種目を分類してみると、右の表に示すように流体工学が関わる競技が実に多いことに気づく。考えてみれば至極当然で、私たちはふだん、空気という流体の中で活動しているし、水という流体の中で泳いだりすることもあり、そもそも流体との関わりが深いからである。

水中を移動するときは、水から受ける抵抗力との闘いが待ち受けているが、移動する力、すなわち推進力はどのようにして獲得しているのか?

あまりにも自然すぎて、ふだんはまったく意識していないが、実は空気中では地面との摩擦力を使うし、水中では水を押す力を使っているのだ。球技などのように道具を使う競技についても、それらが空中をいかに移動するかが重要であり、その運動をもう一度基本から考え、もっとよい使い方を確立しようというのが流体工学屋の考え方である。

これら抗力、推力を再度、見直したうえで、金メダルを獲るための戦略を考えるのが本書の狙いである。オリンピックを観ながら、一流のアスリートたちの競技をより深く楽しむ一助になれば幸いだし、実際に泳いだり走ったりする人にとっても役立つ情報がたくさんあるはずだ。

なお、ミズノの鳴尾氏からはサッカーボールとシューズに関する資料を、荻野毅氏からはスキージャンプのウェアに関する資料をご提供いただいた。また、本書をまとめるにあたり、講談社の倉田卓史氏にはたいへんお世話になった。紙面を借りて、感謝申し上げる次第である。

PART 1

PART 2

陸上競技で勝つ

PART 4

滑り勝つ

PART 5

K点超えを目指せ！

PART

1

競泳で勝つ

——「マグロジャパン」の驚異

泳法の改善で勝てる時代は1976年に終わった

1908年のロンドンオリンピックにおいて、400m自由形の優勝記録は5分36秒80であった。2008年の北京オリンピックではそれが3分41秒86となり、100年間で約2分弱縮まった。平均すれば、1年ごとに1・15秒ずつ記録を縮めた計算である。

このままいけば、2012年のロンドンオリンピックでは3分37秒25が優勝タイムとなるはずである。このように、統計から優勝記録を推測することも楽しいことではある。

だが、本当にこんなに単純に記録は縮まっていくのだろうか？　過去100年間の400m自由形の記録の推移を図1－1で見てみよう。縦軸が記録タイム、横軸が年数を示し、図中のグレーの線は大まかな推移の傾向を表している。

100年間における記録の短縮は、単純に右肩下がりで生じたのではない。1976年までは1年に1・75秒ずつ減らしてきたが、1980年からはその傾向がゆるやかになり、1年ごとに0・4秒の短縮となっている。つまり、過去30年の傾向からは2012年のロンドンオリンピックでの優勝タイムは3分40秒26であると予想できる。先の推測とは、約3秒の違いがある。

１９７６年までは、泳ぎ方の改善によって人間の能力を最大限に引き出してきた結果と言えるが、それ以降は選手間の能力の差が少なくなり、それ以外の要因によって生まれるタイム差における戦いの時代に入ったことを窺《うかが》わせる結果である。

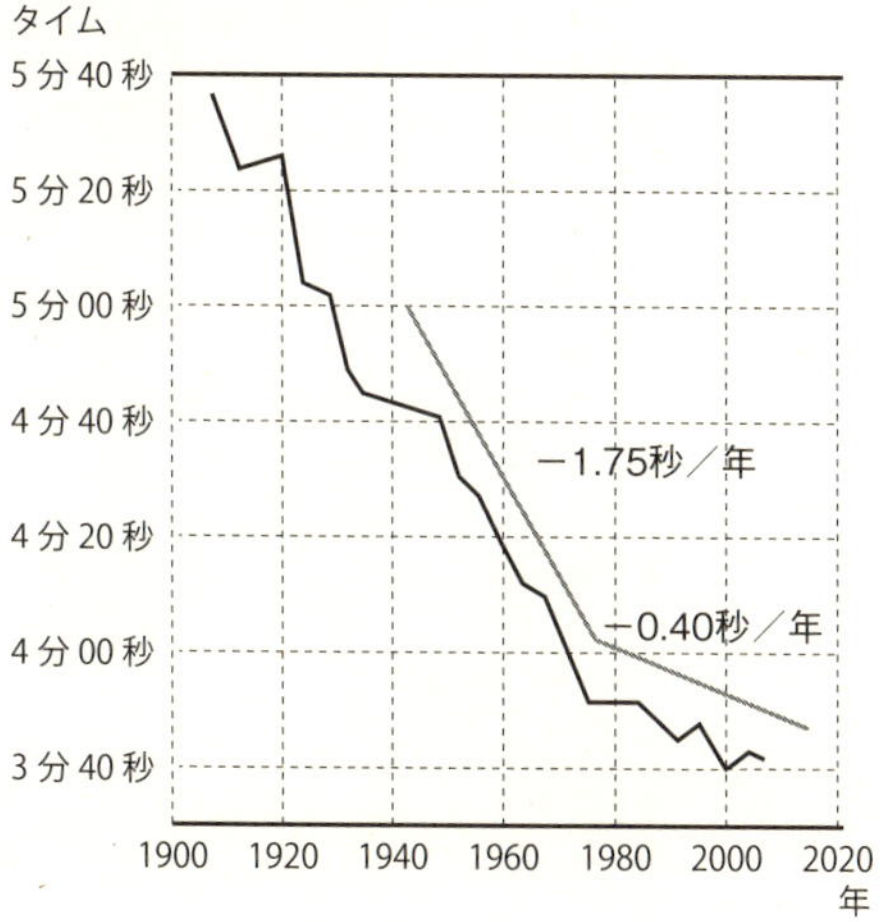

1－1　400m自由形の記録の推移

それ以外の要因とは何か？　抵抗と摩擦をきわめる科学の力である。

常識破りの快記録

１９９６年のアトランタオリンピックでは、４００ｍ自由形の優勝記録は前回のバルセロナオリンピックより3秒遅くなり、いよいよ限界かと思われた。

ところが、２０００年9月16日に行われたシドニーオリンピック競泳男子４００ｍ自由形において、世界に衝撃を与えるすさまじい記録が

1－2　イアン・ソープ（AP／アフロ）

飛び出した。プロローグで紹介したイアン・ソープの3分40秒59という驚異的なタイムである。前回のアトランタオリンピックより約7秒、前年度の記録からも1秒24縮めるもので、従来の傾向（1年ごとに0・4秒短縮）からは、想像もつかない記録だった。

　ソープの印象をより鮮烈なものにしたのは、身長1m95cm、体重86kgの巨体全身を黒い水着で覆っていたことだ（写真1－2）。本人の実力もさることながら、この水着に施された仕掛けが大きくものを言った。摩擦抵抗を約8％減らすサメ肌加工である。

　前述のように、この水着の表面には、100μm（10分の1mm）間隔の細かな縦溝（水の流れに沿う方向を縦と呼ぶ）であるリブレットがつけられていた。水着表面の水流の乱れ＝バースティングを抑制し、なめらかに流れるようにする狙いだった。リブレットの効果によって、摩擦抵抗が小さくなったのである。

このサメ肌水着の着想の元になったのが、「アメリカズカップ87」でアメリカチームが採用したヨットの船体につけられたリブレットだった。ヨットにかかる抵抗のすべてが摩擦抵抗であるとみなし、全長34㎞のコースを進むうえで、リブレットによる8％の摩擦抵抗低減がどの程度の効果を生み出すのか見積もってみよう。

コースを1時間で回る18・36kn（ノット）＝9・44m／秒＝34㎞／時の速度で進んでいると仮定しよう。リブレットをつけたときとつけないときにおける速度比は摩擦抵抗力の平方根に比例するので、船体の抵抗が8％低減されたとすると、速度は1・04倍となる。9・44m／秒の1・04倍、すなわち9・82m／秒だ。

34㎞のコースを57分42秒で回る計算になり、実に2分18秒の短縮となる。リブレットつきのヨットがゴールしたとき、相手はまだ、ゴールの手前1・319㎞（3万4000m−9・44×57分42秒＝1319m）の位置にいる。ぶっちぎりの勝利だ。

3つの抵抗勢力!?

この例からもわかるように、リブレットによる8％の摩擦抵抗低減効果は驚異的だ。世界的な

1－3　サメのうろこの縦溝の方向と、それを模してつくられたサメ肌水着

化学・電気素材メーカーである米国3M《スリーエム》社から出されたテープ状のものを船体に貼りつけるという容易な工夫は、サメのうろこをまねたものだった。

サメのうろこの溝の方向は、図1－3左に示すようにすべて体に沿った水流の方向を向いている。すなわち、流れの方向を考えて貼りつければ効果が上がるというわけだ。それを水着に取りつけたのがサメ肌水着である。水着に適用したのは、幅0・5㎜、深さ0・1㎜の溝である。

シドニー直前のアトランタオリンピックでは、いかに生地表面の凹凸をなくして平滑化するかが目指されていたが、サメ肌水着はそれとはまったく逆の発想に立っていた。サメのうろこを模倣した、生物に学ぶ「バイオミメティクス」の成果であった。

水泳時におけるリブレットの効果とはどれほどのものなのか？　摩擦抵抗の低減効果を具体的に見てみよう。泳いでいるときに発生する抵抗の大きさは、水の密度（ρ＝1000kg／m^3）、速度の2乗（U^2）、そして体の面積（A）に比例する。このときの比例定数を「抵抗係数」と呼ぶ。抵抗に関しての詳細は29ページで解説するが、ここでは泳ぐ際の抵抗には3種類あることを理解してほしい。

図1－4に示すように、体形に依存する「形状抵抗」（form drag）、体表面の「摩擦抵抗」（friction drag）、頭や腕、足で水面につくる「造波抵抗」（wave drag）の3つである。

このうちのどれが、どのような比率で影響を及ぼすかは、実際に水中を移動する物体の種類と、どこを泳ぐかに依存する。たとえばヨットの場合は、摩擦抵抗に比べて、形状抵抗や造波抵抗は小さくなるように設計されている。先ほどの計算は、その前提に立って摩擦抵抗だけを考えたものだ。すなわち、ヨットの抵抗はほぼ100％摩擦抵抗である。

これに対して、人が泳ぐときの全抵抗を百分率で表すと、形状抵抗が約57％、摩擦抵抗が約5％、造波抵抗が約38％である。したがって、8％の摩擦抵抗低減効果は、全体の抵抗を99・6％に低減するにとどまる。全抵抗の5％の割合を占める摩擦抵抗が5％×（1－0・08）＝4・6％となり、全抵抗が57％＋4・6％＋38％＝99・6％となるためだ。

すなわち、全抵抗に対して0・4％の低減効果ということになる。この数値を使って、先の議論と同様、400m自由形で3分47秒の記録がどうなるかを考えてみよう。

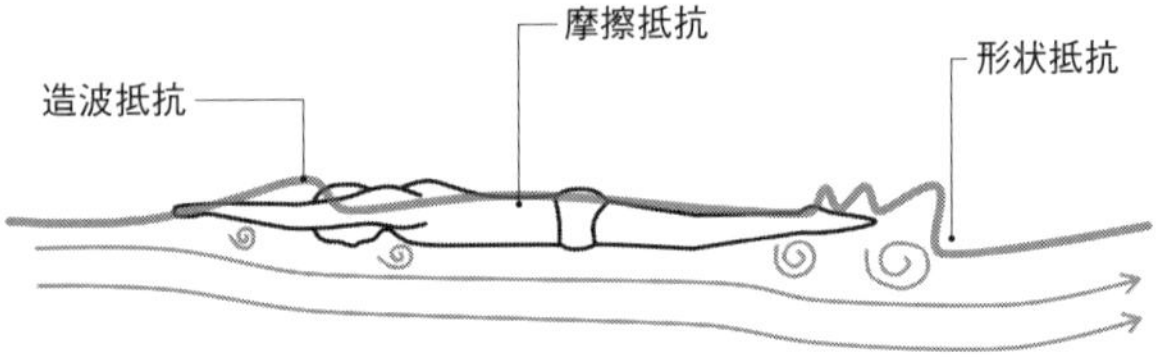

1－4　泳ぐ際の抵抗は「形状抵抗」「摩擦抵抗」「造波抵抗」の3つに分かれる

この記録を秒速に換算すると、１・７６ｍ／秒である。速度比は摩擦抵抗の比の平方根で表されるので、リブレットを使用して摩擦抵抗低減効果を実現したときの速度は、何もしないときの速度の１・００2倍となる。その結果、秒速は１・７６３５ｍ／秒となる。

この速度で４００ｍを泳げば、記録は３分46秒82、すなわち、０・１８秒の短縮となる。１００分の１秒を競うオリンピックレベルのレースにおいて、０・１８秒の短縮は途轍《とてつ》もなく大きい。なお、サメ肌水着には体の締めつけ効果によって形状抵抗も下げていた可能性がある。この効果については39ページで紹介する。

ちなみに、シドニーオリンピックの競泳で生まれた16個の金メダル中、実に13個の獲得選手がサメ肌水着を着用していた。国際水泳連盟の水着素材に関するルール改正により、後日、この水着の使用は禁止となった。

泳いでいるときに急停止できないのはなぜか？

人は、自由形競泳では100mを50秒足らずで泳ぐ。速度で言えば、7・2km／時（100m÷50秒＝2m／秒）である。歩く速度の約2倍で進むのだから、かなりのスピードだ。

そのような速さで泳ぐことができるのは、同じ寸法のものが同じ速度で水中を進むときと空気中を進むときとでは、水中における粘性力の影響が空気中に比べて15分の1と小さいからだ。この場合、ものが進むときの慣性力と粘性力の比を「レイノルズ数」（Re）と呼び、水中におけるレイノルズ数は15倍大きいことになる。つまり水中では、粘性力の影響を空気中ほどは考えなくてよいことを意味している。

ここで考えている「動粘性」は、いわば流れているときの粘性力を表しており、流体の性質である粘っこさを表す「粘度」とは異なることに注意してほしい。動粘性係数は、粘性係数を密度で割った値なので、密度の大きな水の動粘性係数が小さくなったのである。

なお、1気圧・20度Cにおける水の粘度は、空気のそれより約50倍大きい。感覚としての「粘っこさ」はここから来るものだ。

具体的にレイノルズ数を見てみよう。体長1mの魚が1m／秒の速度で泳ぐときのレイノルズ数は100万であり、慣性力は粘性力に比べて100万倍大きい。すなわち、運動を妨げようとする摩擦力の原因となる粘性力が無視できるほど小さいので、交通標語にあるように、大きな魚は急には止まれないのである。この場合、粘性力の影響＝摩擦力は考えなくてもよいことになる。

自由形で人間が泳ぐ場合、身長を2m、速度2m／秒とすれば、慣性力が粘性力より400万倍大きいことになる。逆に小さい生物、たとえばプランクトンなどでは体長1㎜、速度1㎜／秒なので、レイノルズ数は1となり、慣性力と粘性力が釣り合った状態となる。

これより小さい生物ではレイノルズ数はさらに小さくなり、粘性力が慣性力に優る状態となる。小さくなればなるほど粘性の影響が大きくなるわけだが、このことは感覚的にも納得していただけるだろう。小さな生物では慣性力が小さいので、魚や人間とは違って、急に止まったりふたたび動き出したりすることが容易だ。

そのような粘性力と慣性力の対応関係を考えると、推進力はどのように発生させるのが効率的なのだろうか？

レイノルズ数が小さいときには、カエルや水鳥のように水かきを使う「パドリング」方式が有効だ。一方、レイノルズ数が大きくなると、飛行機の翼のように揚力を出す方式が有利である。

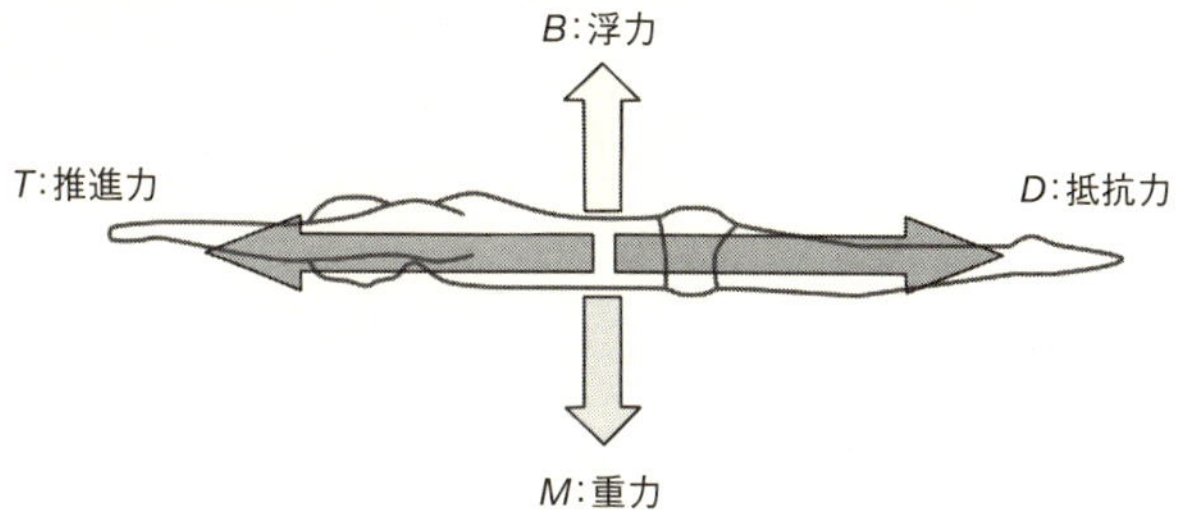

1－5　水泳時に作用する力

人の遊泳は、手のひらを水かきのように使うパドリング方式である。この方法はレイノルズ数が小さいときに特徴的な泳ぎであり、実は人間の泳ぎには適していないのかもしれない。水中で暮らすイルカやクジラ、アシカのような哺乳《ほにゅう》類が翼型の尾ひれを獲得したのは自然の理であると言える。

そのように考えると、物理学的な観点からは、水泳選手も足ではなく翼型のひれに進化することで、もっと大きな推進力を獲得できると夢想してしまう。

「100分の1秒縮める」とはどういうことか？

まず、問題を設定しよう。

「100分の1秒縮める」ということは、100mを50秒で泳ぐとすると100mを49・99秒で泳ぐことだから、速度で表すと100m÷49・99秒＝2・0004m／秒である。速度が2m

式01

$$\text{形状抵抗（圧力抵抗）}：D_D = C_D \frac{1}{2}\rho U^2 A$$

$$\text{摩擦抵抗}：D_f = C_f \frac{1}{2}\rho U^2 S$$

$$\text{造波抵抗}：D_w = pghA = C_w \frac{1}{2}\rho U^2 S$$

／秒ということは1秒間に2m進むことである。これに対して、速度が2・0004m／秒というのは1秒間に2・0004m進むことである。

小数点以下の0・0004mは0・4㎜である。たった0・4㎜！と思うかもしれないが、選手たちにとってはこのたった0・4㎜が大きな距離であり、1秒間に進む距離にこれを上乗せすべく、しのぎを削っているのだ。すなわち、目標は1秒間に進む距離を0・4㎜延ばすことである。

一定速度Uで泳ぐときに、選手にかかる力を図1－5に示す。前に進める力Tを「推進力」、前に進むのを妨げる力Dを「抵抗力」という。この2つが釣り合っている状態は、等速度運動となる。垂直方向では、体重（M：重力）と釣り合う浮かせる力（B：浮力）が働いているので一定の位置（深さ）を保つ。

この図から、抵抗力が大きければ、その分だけ推進力も大きくしなければならないことがわかる。逆に、人間が出せる推進力が同じだとすれば、抵抗力が小さいほうが有利である。選手は、推進力を上げるために日夜、練習を行っている。オリンピックに勝つための物理学は、抵抗力の正体を明らかにして、これを小さくすることで、世界記録に手の届くところに選手を引き上げることを目標にしている。

1－6　投影面積は、流れに垂直に立てたスクリーンに映る影の面積を指す

水泳時に作用する抵抗Dの内訳は式1のとおりである。

C_D、C_f、C_Wは、それぞれ「圧力抵抗係数」「摩擦抵抗係数」「造波抵抗係数」であり、実験的に求めることができる。圧力（形状）抵抗係数は、車の性能のひとつである空気抵抗の大きさを表す際に、車の抵抗係数C_D＝0・3というように使われる。もちろん、この値が小さいほうが抵抗はより小さく、燃費の向上につながる。

抵抗を表現する際のAは「投影面積」、Sは「表面積」を示している。投影面積とは、流れの上流側から見たときの面積であり、図1－6に示すように、流れに対して垂直に立てたスクリーンに映る影の面積に相当する。

これに対して、表面積は流れにさらされた表面の総面積である。

水から受ける抵抗はどれくらいか？

まず、敵（全抵抗）を知るために、それぞれの抵抗を見積もってみよう。標準的な体型であれば、A＝0・06m^2、S＝1・35m^2である。これらの値を用いて、圧力抵抗係数C_Dを1・0、摩擦抵抗係数C_fを0・004、造波抵抗係数C_Wを0・03として、U＝2m／秒で泳ぐ際のそれぞれの抵抗を求めると、式2のようになる。

したがって、全抵抗Dは120＋11＋81＝212Nとなる。Nは「ニュートン」と読み、力の単位である。1Nは、1kgの質量をもつ物体に1m／秒^{2}の加速度を生じさせる力として定義されている。

全抵抗212Nの内訳を見ると、形状抵抗約57％、摩擦抵抗約5％、造波抵抗約38％であり、形から受ける形状抵抗と、波を立てることに起因する造波抵抗が大きいことがわかる。一定速度で進んでいるときには推進力と全抵抗が等しくなるので、T＝212Nである。

これに速度をかけると推進のための仕事率となるので、この選手は212N×2m／秒＝42

式02

形状抵抗（圧力抵抗）：D_D＝120N
摩擦抵抗：D_f＝11N
造波抵抗：D_w＝81N

4W（＝0・58馬力）のパワーで泳いでいることになる。W（ワット）は「仕事率」を表す単位であり、1秒間でエネルギーをどのくらい使うかを示している。

この値が大きいほど、たくさんのエネルギーを消費することになる。人の仕事ぶりにたとえると、エネルギッシュに仕事をこなす人はパワーがあるというのに似ている。別な見方をすると、あるエネルギーを1秒よりも短い時間で瞬発的に使ったとしても、この値は大きくなる。つまり、仕事が速い人を「パワーがあるねぇ」と言うのと同じである。

100分の1秒タイムを縮めるためには、先の例より若干速いU＝2・0004m／秒の速度で泳ぐことになる。同様に計算すると424・25Wとなり、0・25Wだけパワーが余分に必要となる。この余分に必要なパワーを得るために、通常は筋力をアップすることで対応するが、工学屋はまったく異なる発想をする。

これら3つの抵抗のうち、「どれを減らすか？」と考えるのだ。これが、競技記録を飛躍させるハイテク水着の開発戦略となる。サメ肌水着は、摩擦抵抗D_fを8%減らすものであった。

次項以下で、抵抗に打ち勝つための戦略を考えていく。大げさな話をしなくても、形状抵抗に着目するなら投影面積Aを小さくすればいいし、摩擦抵抗や造波抵抗を減らそうと試みるなら表面積Sを小さくすればいいことがわかっている。

投影面積を小さくするために、人は頭を前にして、体全体を水平にして寝そべった姿勢をキープしながら進行方向に向けて泳いでいる。このような姿勢で泳げば、投影面積は頭と肩が流れに面している面積となる。

他方、お腹を前に向けて立ち泳ぎをすれば、図1－6に示すように体前面の面積がAとなり、速く泳ぐうえでは不利だということはすぐにわかるだろう。

手抜きをして「100分の1秒縮める」方法

さあ、どうすれば100分の1秒縮める工夫ができるのか？

筋トレやフォームの改善など、どの選手も推進力を上げる練習をして、誰もがほぼ同じ能力を獲得したとすると、他の選手との差が出なくなる。そのような状況下で、いかに時間を短縮するのか？　どうやって、どのくらい抵抗を下げればよいか考えてみよう。

まず、何らかの工夫によって推進力を上げたとする。対策前の推進力との比は、対策前後の速度比の3乗に比例する。すなわち、ある対策によって速度を元の2倍に上げたとすると、推進力は速度比の3乗である8倍大きくなる（2×2×2）。逆に言えば、推進力を8倍に上げれば速度は元の2倍となる。

したがって、常識的には、速度を上げるためには大いに練習や努力をして筋力を鍛え、パワーを上げなければならないのである。これこそ、いままでどの選手も取り組んできたトレーニングである。スポーツ選手の成長譚が根性物語に結びつきやすいのはこのためだ。

しかし、工学屋は以下のように、手抜きをして勝つ方法を見出そうとする。

100分の1秒タイムを縮めるためには、2・0004m／秒の速度で泳ぐことが必要だった。パワーは速度の3乗で表されるので、速度を2・0004／2・0000倍にするには、パワーを1・0006倍にしなければならない。先の例で言えば、424Wから424・25Wにしなければならないということだ。

逆に、パワーが424Wのままだとすると、対策前後の抵抗係数の比は速度比の3乗に比例するので、100分の1秒縮めるために速度を2m／秒から2・0004m／秒に上げようとすれ

式03

$$\left(\frac{2}{2.0004}\right)^3=0.9994$$

ば、抵抗係数の比は式3のようになる。

つまり、全抵抗を0・06%下げれば、以前と同じパワーであっても（＝筋トレをサボって手抜きをしても）100mを100分の1秒速く泳げることになる。

では、どのように抵抗を下げるのか？

形状抵抗、摩擦抵抗、造波抵抗それぞれについて、考えてみることにしよう。

はがれる〃泡〃を効果的に使う

形状抵抗は、図1-7に示すように、物体表面に作用する圧力の分布に起因する。このため、「圧力抵抗」と呼ばれたり、その圧力分布が物体形状に依存するために「形状抵抗」と呼ばれたりする。

物体の上流側は、流れがまともにぶつかってくるので圧力が高くなる。逆に下流側は、流れの方向は下流に向いていたものが上流方向にかかるために若干弱くなり、後方からのぶつかり速度が小さくなることで圧力は小さくなる。

物体の形によって下流側の流れのようすは変化するため、物体前後の圧力差は、物

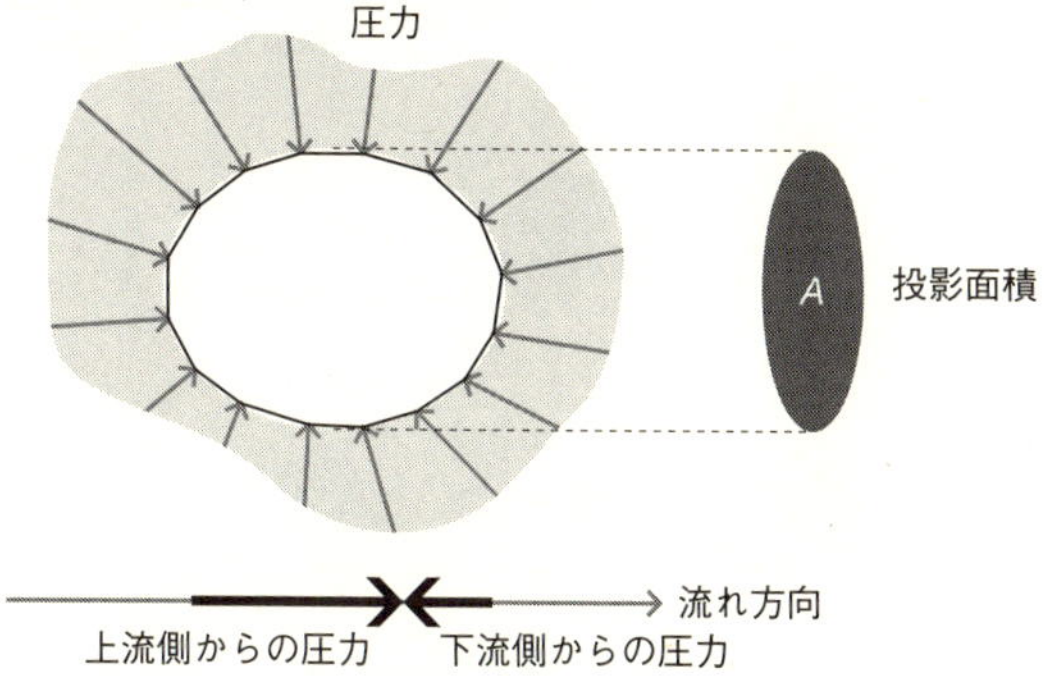

1－7　圧力分布から形状抵抗を求める

体の形状に依存することになる。このため、物体の前後の圧力差によって生じる抵抗を形状抵抗と呼ぶのである。

物体の後ろ側を流れの後方側（下流側）に長く伸ばしてやると、後方の流れは上流方向に向くことなく下流にスムーズに流れ去っていく。その結果、後方からの流れのぶつかりがなくなり、その物体後方の圧力が低下しなくなって、形状抵抗は小さくなる。すなわち、「物体の後ろ側の形」が形状抵抗を下げるための重要な要素なのである。

魚のように、頭から尾ひれにかけてスムーズに細くなっていく形がまさにそれであり、そのような形状を「流線型」と呼ぶ。

3次元物体の形と形状抵抗係数C_Dの関係を表1－8に示す。上から順に、円錐と半球を組み合わせた物体、球、円板、円筒、正方形の板（方形板）、正四角柱である。上流から物体を見たときの投影形状は、すべて円と正方形にな

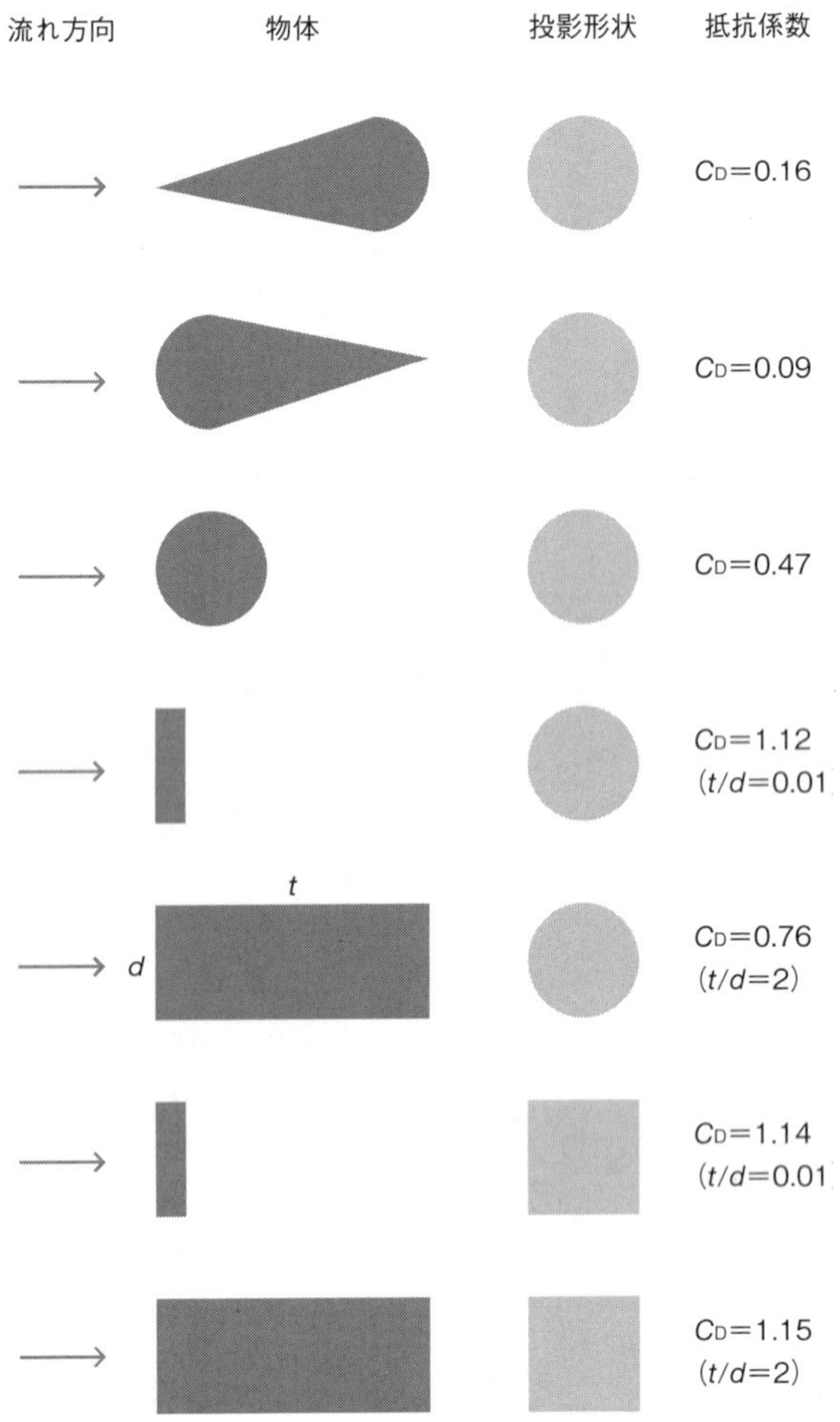

1－8　物体の形が変わると抵抗係数も変化する

っている。

円錐と半球を組み合わせた物体において、とがった側を上流に向ける場合と、反対に丸い側を上流に向ける場合とで、形状抵抗係数の値を比較してみよう。

直感的には、とがった側を上流に向けたほうが流れを切り裂いて進めるために抵抗が小さいように思わないだろうか？　ところが、実際には丸い側を上流側に、とがった側を下流側に向けるほうが抵抗係数は小さい。先にも述べたように、下流方向にゆるやかに圧力回復があるほうが、抵抗が小さくなるからである。

これと球を比較すると、前方部分は半球で形状は同じだが、後部の形が違うことで、抵抗係数は両者で5倍程度異なってくる。物体後部の形がいかに大事であるかがわかる事例だ。

後方に伸びる長さが、どのように形状抵抗に影響するかを円板と円筒で比較してみよう。円筒の抵抗係数が円板のそれより小さいことが表から読み取れる。

図1－9に示すように、円筒の場合、前側の縁からはがれた流れがわずかに下流でふたたび表面に付着し、「剝離泡《はくり》」という領域をつくる。このため、円筒の前縁の角があたかも丸くなったような効果が表れ、さらに剝離泡を通過した流れが円筒の後方に向かってすぼまるように流れることで、後部が円錐状になった物体と同じような効果を生み出すのだ。いわば〝疑似流線型〟と

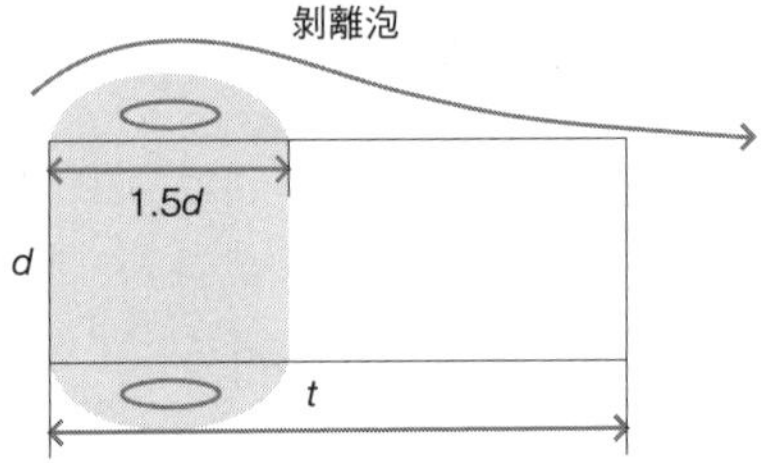

1－9　前縁に生じる剝離泡によって、後方の流れはスムーズにすぼまる流れとなる。ただし、円筒の長さ t が剝離泡の長さ1.5 d より長くなければこの効果は生まれない

なった結果、形状抵抗が小さくなるのである。

ただし、剝離泡の長さは計算上、円筒の前面を形成する円の直径の1・5倍であり（図1－9参照）、円筒の長さがそれ以上ないと剝離泡による〝疑似流線型〟化の効果は見込めない。薄い円板の抵抗係数が大きくなるのは、この理由による。

方形板と円板の抵抗係数がほぼ同じであるのに対して、同じ寸法比をもつ円筒と正四角柱では抵抗係数が大きく異なっている。正四角柱の抵抗係数は、方形板のそれとほぼ変わらない。その理由は何だろうか？　正四角柱では円筒のように剝離泡が生じないために、後方部の長さが圧力回復に影響しないのである。

ゴルフボールに学ぶ——ディンプルの果たす役割

さて、形状抵抗を小さくする方策として、①形状抵抗係数が同じで＝すなわち形状を変えずに、投影面積を小さくする、②投影面積が同じで形状抵抗係数を下げる、の2つがある。

100分の1秒タイムを縮めるために、①の場合、形状（体型）が変わらないとすると、投影面積を元の0・9999倍にすれば達成できる。投影された形が円であれば直径の比を0・99995にすればよい。すなわち、体の直径が50cmであれば49・998cmにすることであり、わずか0・2mmだけ痩せればよいことを意味している。
①の発想を用いたものに、体をきつく締めつけるレーザーレーサーという水着がある（図1－10）。

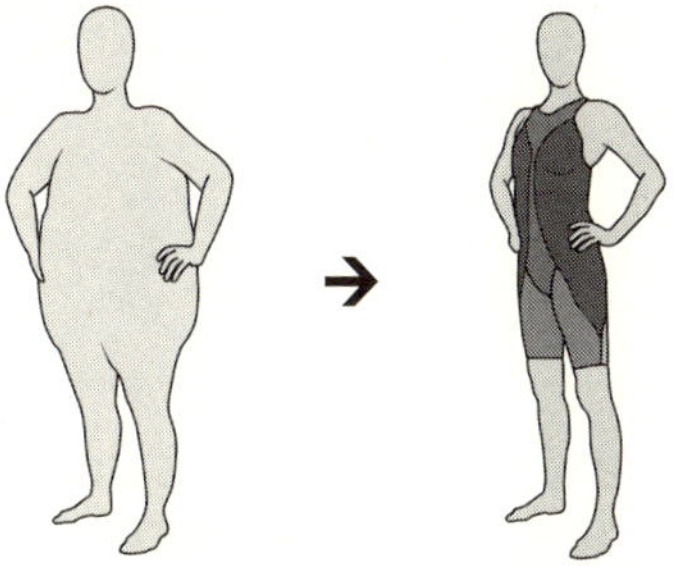

1－10　体を締めつける水着を着て、投影面積を小さくする

投影面積を変えずに形状抵抗係数を下げる②の場合は、角がない形状を考案する。周の長さが短くなるようにしたほうがいいので、投影形状を円にすることも重要だ。また、圧力回復がゆるやかになるように、魚影のように肩から足先にかけてゆるやかにすぼまる形状とする（流線型）。

たとえば、円筒形状を円錐の後部をもつものに変えると、表1－8から形状抵抗係数が0・76から0・09に下がることがわかるので、形状抵抗を元の12％にすることができ

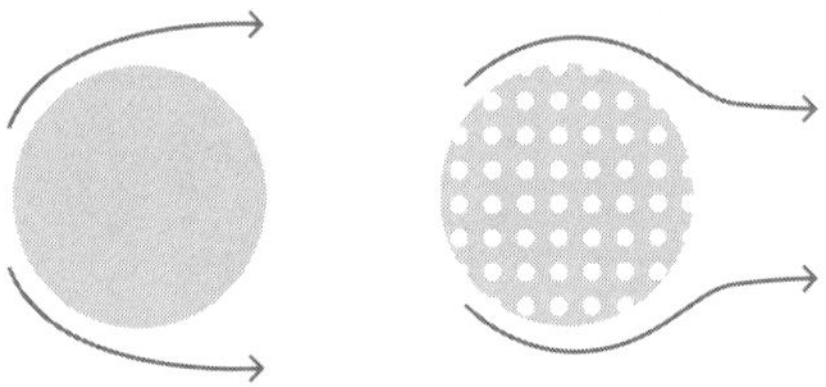

1－11　つるっとした表面の球体を過ぎる流れ（左）と、ディンプルつきのゴルフボールを過ぎる流れ（右）の違い

る。この低減効果は非常に大きい。もし、このような低減が実現できたとすると、抵抗係数比は0・501となるので、100mで10・29秒タイムを縮めることができる。逆に、1秒タイムを縮めようとするならば、形状抵抗を10・4％低減できる形状を探せばよいという指針が立つ。

　だが、肩から足先にかけて、なめらかにすぼまる形をとれと言われても、スイマーは困るだろう。そこで、ゴルフボールのディンプル（表面上の凹《くぼ》み）のもつ効果を考えてみよう。

　図1－11に示すように、つるっとした表面の球体を過ぎる流れはその球の後方に回り込みにくく、形状抵抗が大きくなる。これに対し、表面にディンプルをつけたボール（球体）では、流れが球の後方に回り込み、あたかも球の後方を後ろに伸ばしたような〝疑似流線型〟化の効果を生む。このため、表面がでこぼこしているボールのほうが、実は形状抵抗が小さいのである。

　スイマーの頭や肩に、ディンプルのような凸凹した構造を取りつけると、同様の効果が期待できる。スピードスケートの選手の頭を覆うフードの前方部に、部分的に盛り上げるようにステッ

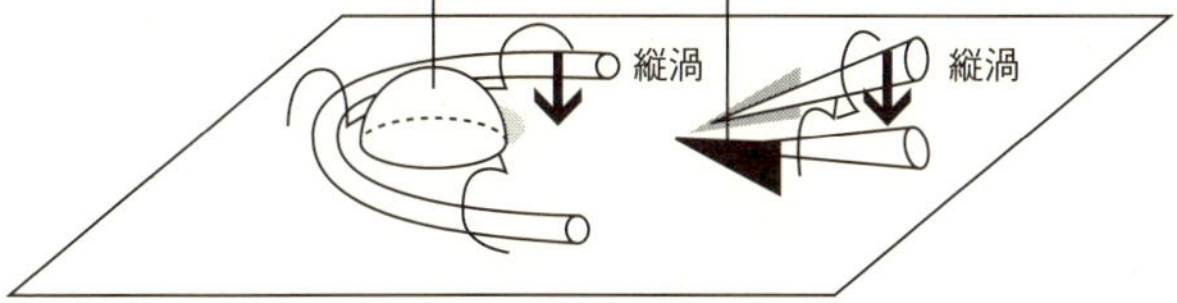

1－12　ボルテックスジェネレータで縦渦をつくる

チをつけたり、ウェアにディンプルをつけているものがある。それらも単なる模様ではなく、スケーターの形状抵抗を低減するための工学的工夫なのである。

これと同じような機能をもつものに、飛行機の翼の前縁付近に取りつける「ボルテックスジェネレータ」と呼ばれる突起物や表面を粗くした加工物がある。図1－12に示すように、平面上にある突起物の後ろには渦対ができる。これは、流れを引き寄せる一種のポンプの役割を果たし、物体から離れたところを流れる流れの運動エネルギーを表面近くに注入する。この効果により、ゴルフボールを過ぎる流れのように物体の後方に回り込む流れをつくることができる。

突起を利用していると思われる魚に、ハリセンボン（図1－13）がいる。表面の突起（ゴルフボールの凹みとは逆の形状になっている）は、流れを後方に回り込ませ、形状抵抗の減少に役立っているものと考えられる。

球体の場合、通常の形状抵抗値は0・47であるが、上述のような対策

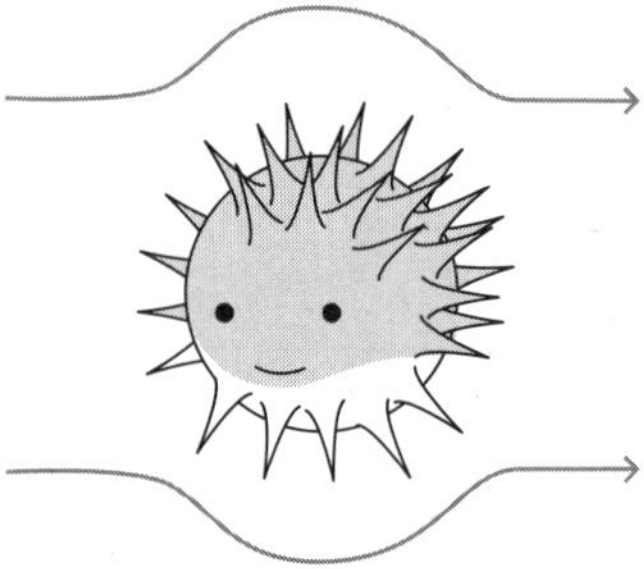

1－13　表面の突起で形状抵抗を小さくするハリセンボン

を施すと、それが0・1程度に減少する。つまり、元の値の20％程度になるということだ。円柱の場合は36％程度になる。これらのことから、抵抗を下げる方策として流れを後方に回り込ませる工夫は有効であることがわかる。

水中を高速で泳ぐ魚に学べ！

サメ肌素材には8％の摩擦抵抗低減があることがわかっている。これにより抵抗全体を0・4％下げることができるので、速度は2・003m／秒となり、100mで100分の7秒のタイム短縮が可能となる。サメ肌（うろこ）の表面構造は、流れの方向に縦溝がある（図1－14）。縦溝によって、表面近くの流れに発生する乱れを抑制することで、乱れに由来する摩擦力を下げるのである。

これを模した構造がリブレット構造であり、工学的にはパイプの内壁、ヨットの船底、大型の航空機等に使われている。しかし、現在はこのタイプの水着の着用は禁止となっているので、摩

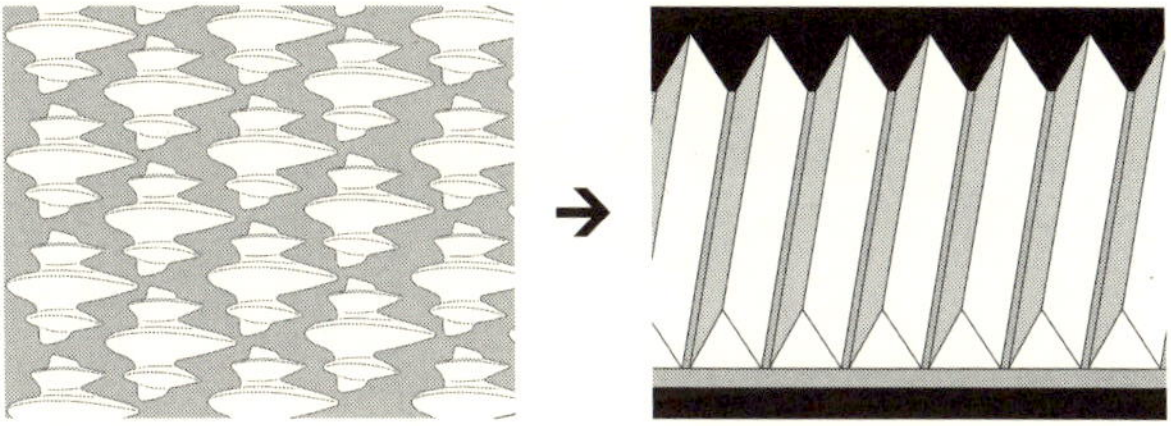

1-14 サメのうろこ(左)と、その構造を模したリブレット(右)

擦抵抗を下げる他の手立てを考えなければならない。

乱れを抑える別の方法として、流れに沿って圧力が増加するようにする工夫が考えられる。図1-15に示すように、魚の最大体高(H)から尾ひれのつけ根にかけて細くなっていく部分で圧力が増加する。体の表面から離れたところを流れる流れと表面との間隔は、図中にθで示したように後方に向かってあたかも隙間が開いていくように広がっていく。

車でも路面への押しつけ効果や低抵抗化を狙って、車体の底面と路面との隙間を後方に向かって開いていくようにする「ディフューザ」(拡大管)をつける。ディフューザの効果で後方に行くほど圧力が大きくなっていき、形状抵抗が小さくなるのと同時に乱れが抑えられる。乱れが抑えられると、乱れに起因する摩擦抵抗も低減するので一挙両得だ。

体長Lを体高Hで割った値(L/H)を調べると、マグロでは3・3になっている。実験的にはこの値が4のときに形状抵抗係数

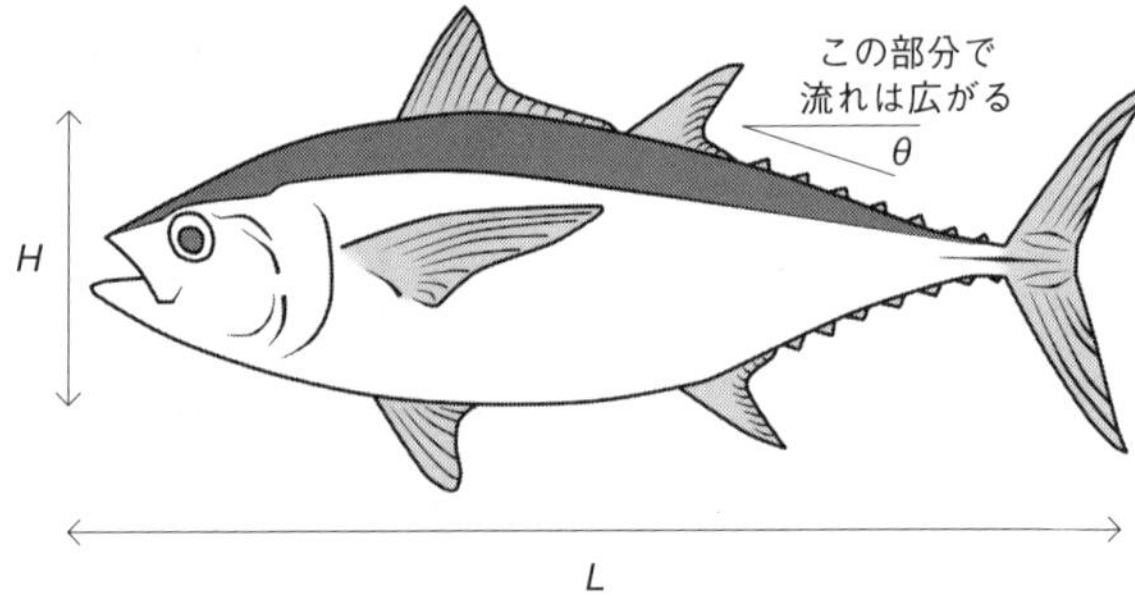

1－15　マグロの尾ひれに向かって体の断面積は縮まり、逆に流れの断面積は広がる

が最小となることがわかっている。クジラやイルカもこの値を取ることから、水中を高速で泳ぐ魚類や鯨類の体型がきわめて低抵抗であることがわかる。

尾ひれにかけての体高の変化は、水平位置から測って片側θ＝15度で減少している。尾ひれの方向に向かう部分を長方形断面のディフューザとみなすと、体に沿う背側の流れは、流れ方向に圧力が増加する流れ（逆圧力勾配下にあると言う）となる。

一般に、ディフューザの広がり角度が11度であるときに最小の損失係数となる。競泳選手の体型で言えば、身長と肩幅との比が2・6のときに11度となり、水の流れは体に沿って広がっていく。マグロの場合は15度で急激に狭まっているから、通常ならば損失係数が大きくなり、抵抗が増えるはずである。第2背びれの後ろに並ぶ小さな背びれが、前述のボルテックスジェネレータの役割を果たすことで、水流が表面に沿って流れるようにして抵抗が増えることを防いでいる。

形を適切に選んで摩擦抵抗を下げているものに、グライダーに使われる翼がある。通常の翼では、翼の厚みが最大となる位置は前縁から4分の1くらいの翼幅の位置にあるが、それを後方にずらした断面形状をしている。

ところで、魚の表面を触るとぬるぬるしている。魚に限らず、私たちの体で言えば気管における粘膜も同様だ。このぬるぬるの原因は、ムコ多糖類がついたタンパク質である。これがゲル状になって魚の体表面についている。

タンパク質のぬるぬる効果が摩擦抵抗の低減につながっているのではないか？――こう考えて私たちが研究を行った結果、このぬるぬる表面で、流れが滑っていることが判明した。つまり、実際に摩擦が小さくなっていたのである。寒天で実験した結果、12％の抵抗低減となることがわかった。

摩擦抵抗低減の目標値を明らかにするために、理想的に摩擦抵抗をゼロ（0）にしたらどうなるかを考えてみよう。抵抗係数比は0・95となり、速度は元の1・017倍となる。したがって、摩擦抵抗が0の場合の遊泳速度は2・035m／秒となり、100mを49・16秒で泳ぐことになる。0・84秒の短縮だ。

このことから、仮に摩擦抵抗を０にしても１秒の短縮は実現できないことがわかる。すなわち、もっとタイムの短縮を望むのであれば、摩擦抵抗だけを下げるのではなく、別の手段も考えなければならないということである。水着メーカーは現在、摩擦抵抗低減のみならず、形状抵抗や次に述べる造波抵抗を下げる努力に取り組んでいる。

もちろん、競技連盟が定めたレギュレーションの範囲内で、という制約つきだ。私たち工学屋は、物理学的な制約や現実のルール上の制約と闘いながら、記録向上のための新たな「武器」を模索し続けているのだ。

造波抵抗が人より少なかったソープの体型

造波抵抗が、スイマーに影響を及ぼす抵抗全体に占める割合は38％であった。したがって、もし造波抵抗を小さくできれば、きわめて大きな抵抗の低減効果が期待できる。

これまでと同様の議論をしてみよう。１００分の１秒のタイム短縮のために、抵抗全体で０・０６％の低減を実現するためには、０・１６％の造波抵抗低減が達成できればいい。さらに欲張ってタイムを１秒縮めようとするならば、15・５％の造波抵抗低減ができればよいことになる。

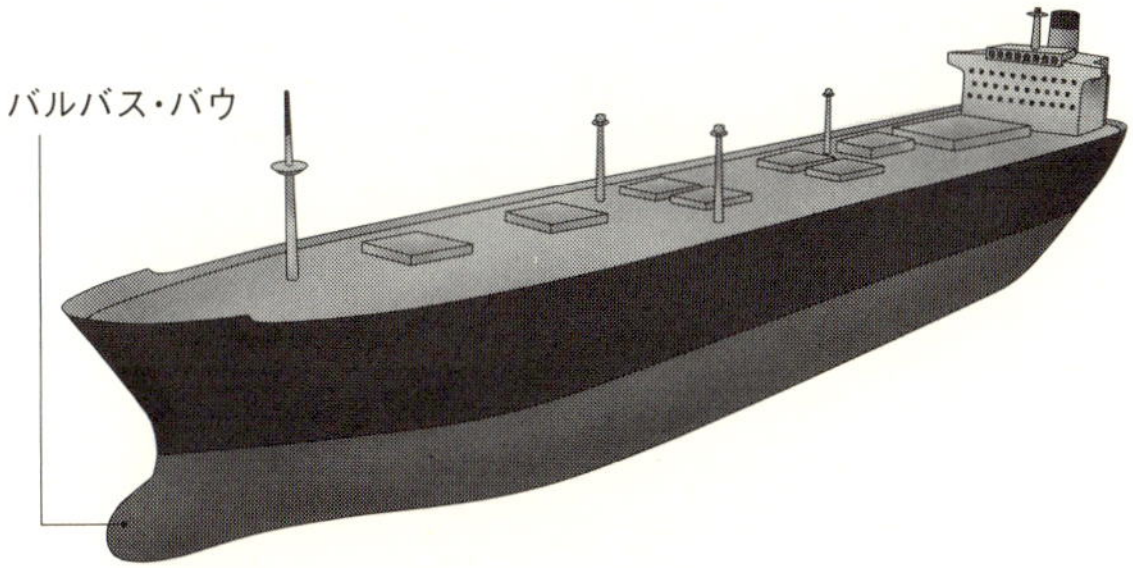

1－16　船首につけられた「バルバス・バウ」で造波抵抗を減らす

造波抵抗が生じるのは、波を立たせることに余分な力が必要となることが原因である。大型のタンカーなどでは、波を少しでも立たせないように船首に「バルバス・バウ」（球状船首）という丸い「こぶ」のようなものをつけている（図1－16）。

バルバス・バウによってつくり出される「波の山と谷」を「船首がつくる波の谷と山」と干渉させて波を消してしまうという優れものだ。ただし、設計を間違えると、山と山、谷と谷が干渉することで余計に大きな波をつくってしまうことになるので注意が必要である。

船の造波抵抗係数は、図1－17に示すように「フルード数」（Fr）に依存する。フルード数とは、物体の速度と水面の波の速度との比を表し、空気中を飛ぶジェット機の速度と音速との比である「マッハ数」と同じものである。物体の速度を波の速度（＝（物体の長さ×重力加

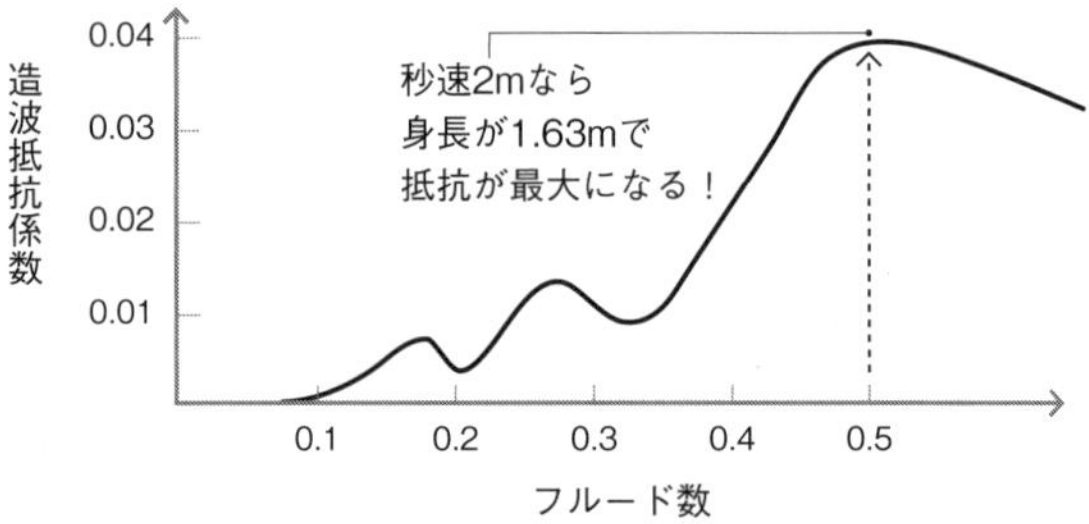

1－17　フルード数と抵抗係数の関係

速度）の平方根）で割ったものである。

たとえば、物体の長さが同じであれば、フルード数は物体の速度が大きいほうが大きな値となる。逆に、物体の速度が同じであれば、物体の長さが長いほどフルード数は小さい。このフルード数と造波抵抗係数との関係を示したのが図1－17だ。

この図から、造波抵抗係数はフルード数が0・17、0・26、0・5のときにピークを示すことがわかる。もし、速度が2m／秒で一定だとすると、長さがそれぞれ14m、6m、1・63mのときに大きな値をとることになる。

なかでも、1・63mは人の身長とほぼ同じ程度であり、造波抵抗が最も大きくなるフルード数＝0・5のときのものに対応する。グラフを見ればわかるとおり、1m63cmより身長が高ければ（グラフで言えば0・5より左に行けば）造波抵抗係数は急激に低下する。1m95cmという長身を誇ったイアン・ソープが速く泳げた理由のひとつがここにある。

隣のスイマーからの波を避ける工夫

頭の前面にできる波の高さが、たとえば20㎝から19㎝に1㎝低くなった場合、遊泳速度は2・013m／秒となり、100mを49・68秒で泳ぐことができる。0・32秒タイムを短縮できる計算であり、波の影響がいかに大きいかを如実に示している。

この波の影響によって、競技者同士に有利不利が出る場合がある。プールサイドに近い端のコースを泳ぐ選手には、プール側壁からの波の跳ね返りで余計な抵抗が生じうるからだ。現在では、プールサイドの壁面から水が流れ出る（オーバーフローする）ような工夫がされており、端のコースの選手も側壁からの波の跳ね返りの影響を受けずにすむようになっている。

また、コースを分けるロープに波を消す効果をもたせ、隣を泳ぐ選手によってつくり出された波の影響が互いに及ばないようになっている。この結果、50mあたりで0・1秒程度、記録がよくなったと言われている。

波のエネルギーを吸収するロープのしくみはどうなっているのか？　構造としては波を細かく区切るように、ひとつのブイが6～7枚の円盤の集まりでできている。

1－18　イルカの頭の先（上）とカワセミのくちばしは、波を立てにくい形の代表例（アフロ）

競技場であるプール側が波の影響をここまで考慮しているのに、スイマー自身が波に対してもっと配慮しないわけにはいかない。どうするのか？

自然界の波を立てにくい形状にヒントを得てみよう。写真1－18に示すように、イルカの先頭形状は波

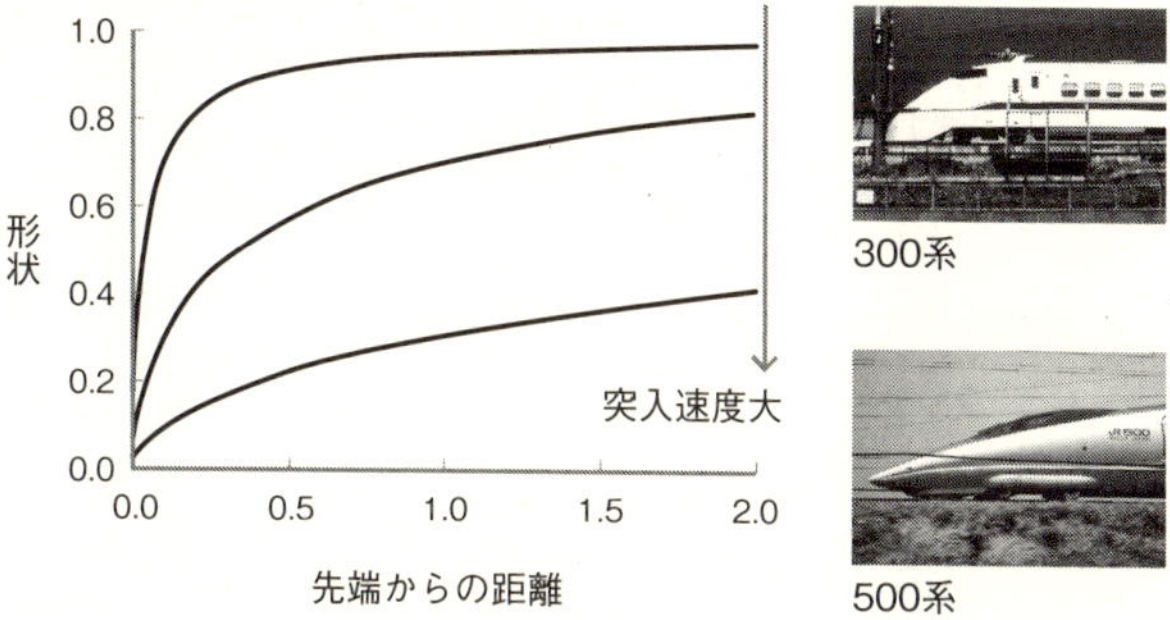

1－19　押しのける水に与える力を小さくできる頭の形状を考えてみる。速度が速くなると、とがった形状へと変化していく。距離および形状は無次元で表している（アフロ）

を立てにくく、カワセミのくちばし形状も、水面に突入する際に衝撃をやわらげるよう先端から後方にかけて断面積の変化がゆるやかになるような形状となっている。

　彼らの体の形状は、どの程度、理にかなったものなのか？　水を張ったバケツに頭を突っ込んだとき、飛び出る水の加速が小さくなるモデルを用いて、頭で押しのけられた水の加速度が一定となる頭の形状を求めてみよう。その基本となるのは、流体工学を学ぶと最初に出てくる「流量一定の関係」である。結果を図1－19に示す。

「突入速度が速くて、かつなるべく水に与える力を小さくすること」が、ここでのテーマだ。水に与える力を小さくすることができれば、その反力として物体に作用する抵抗を低減することができるからだ。

図1－19からわかるように、その理想的な形は、細長い形状となる。カワセミのくちばしや、新幹線で言えば500系の先頭形状に似ている。また、突入速度が中くらいのときの曲線はイルカの頭の形状や、初代のぞみの300系の先頭形状に似ている。新幹線では、トンネルに入るときの衝撃やその際の音の発生を抑える形状として工夫されたものだ。

造波抵抗を低くするために、どのように頭の先に発生する波の高さを抑えるか。

ひとつの対策は頭の形である。イルカの頭のような形にすれば、頭の上を水が流れやすくなる。横側も同様の形であれば、頭の脇を水が流れやすくなり、頭の先に水がたまりにくくなる。すなわち、波としての水の塊が小さくなるために、その高さも小さくなるというわけだ。

2つ目は、バルバス・バウのように波をつくって頭でできる波（あるいは肩でできる波）と干渉させることで、波の高さを減らすことが可能になる。

泳ぐスピードをアップする究極の手のひらの使い方

物体を進行方向に進める力を「推進力」と言う。競泳では、手のかきや足の蹴りで推進力を得ており、これを「パドリング」と呼ぶ。魚で言えば、尾ひれや胸びれを使う泳ぎ方である。カエ

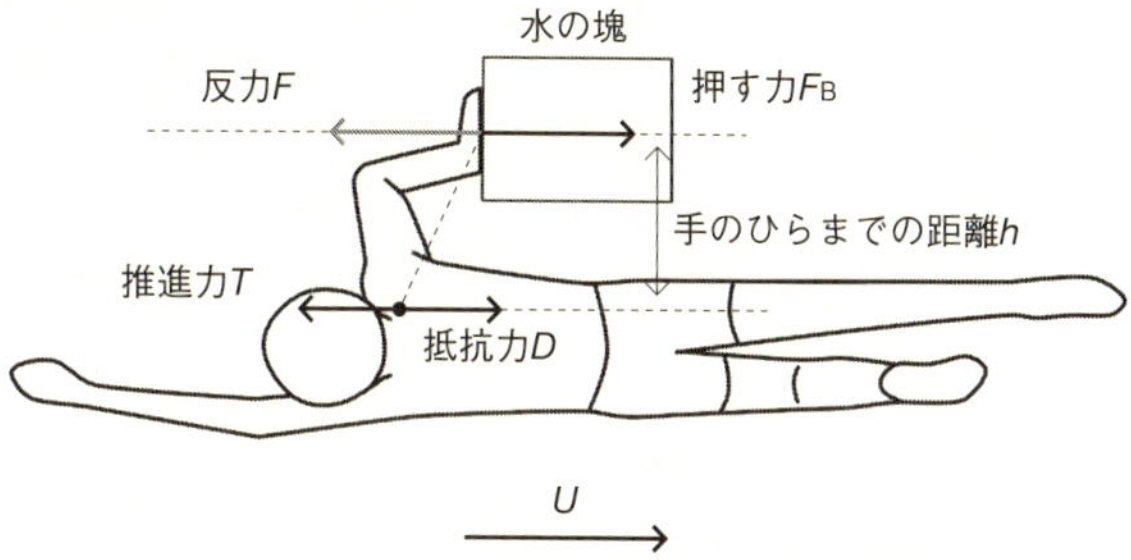

遊泳速度Uで泳ぐスイマーから見た水の速度

1－20　手のかきによる推進力獲得のしくみ

ルや水鳥における足のキックを使う進み方も同様だ。

図1－20のように、手のひらで水を押して、その反動で推進力を得て前に進むことを考えよう。

流体中に水の塊の壁があり、それを手のひらで後ろ側に押しているととらえると、水の塊を押す力はF_Bである。肩のつけ根で腕を回転させて、肩から手のひらまでの距離hを保ったまま手のひらを後ろ側に平行に移動させる。このとき、水の塊の壁は動かないものとする。

押した手のひらには、水の塊からF_Bと大きさが等しい力Fが、作用・反作用の法則によって反力として作用する。このF_Bは、手のひらがある速度で動くときの水との相対速度u_rの2乗に比例する。また、推進力Tは、手のひらで流体を押す力F_Bの反力Fであり、結局、推進力は手のひらで水の塊を押した力であることがわかる。

こんな回りくどい説明をしなくても「そりゃそうでしょ

う」と言われそうだが、ここでは改めて手のひらの抵抗力が推進力となることを認識してもらいたいのである。ここを理解することで、推進力を上げるための方策が見えてくるからだ。手のひらの形を、いかに抵抗の大きなものにするかという発想が生じうることに気づいていただきたいのである。

さて、体が速度Uで進んでいるときに、手のひらを止めたとすると、手のひらには相対速度マイナスUで水が当たることとなる。この結果、負の推進力、すなわち今度は本当の意味での抵抗が生じることになる。この抵抗がブレーキとなり、体の速度は減速する。

水流と同じ速度で後方に手のひらを動かす場合、水流との相対速度は0である。手のひらから見れば、流れは止まっているように見えるということだ。この場合、手は動かしていても、手のひらによる推進力は発生しないので、$T=0$となる。

なお、パドリングは腕の回転運動なので、腕の先端である手のひらが最も速く、腕の部分の速度はそれより小さくなる。したがって、腕の部分では水流との相対速度が負となるために、腕全体は抵抗となることがわかる。腕の回転半径をなるべく小さくしたほうがよいのはこのためだ。

ふつうに遊泳しているときの速度より、手のひらを後方に速く動かすことを考えてみよう。たとえば、遊泳速度の2倍の速さで動かすと、手のひらの相対速度はUとなり、正となるので、推

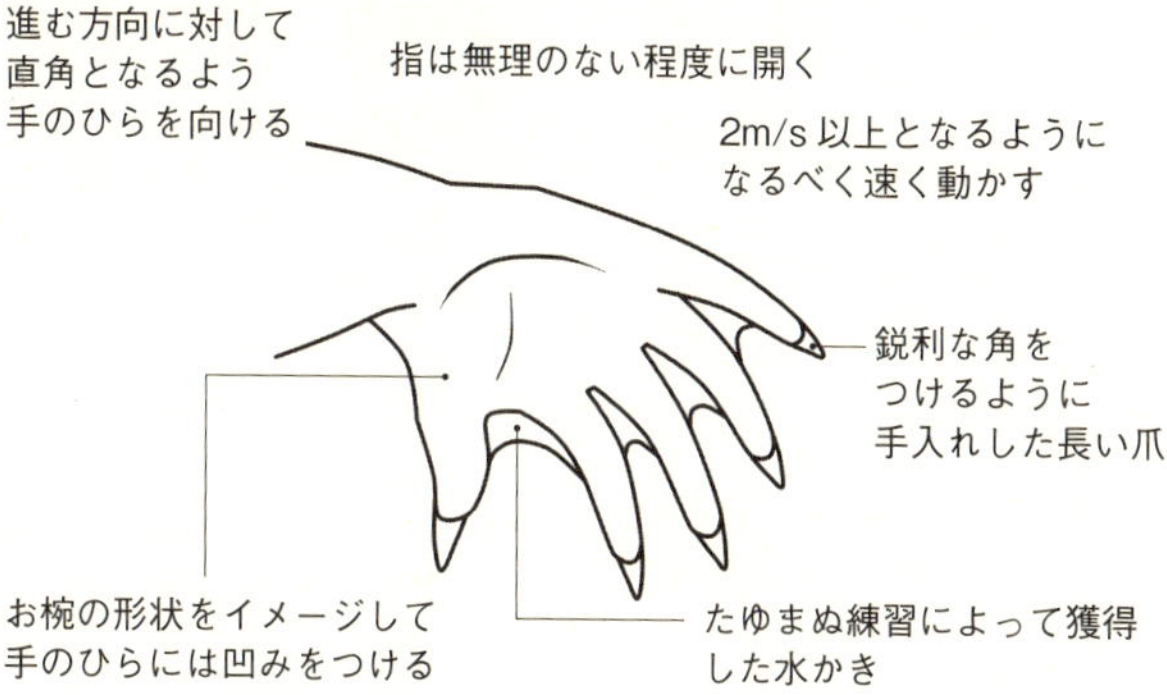
進む方向に対して
直角となるよう
手のひらを向ける
指は無理のない程度に開く
2m/s 以上となるように
なるべく速く動かす
鋭利な角を
つけるように
手入れした長い爪
お椀の形状をイメージして
手のひらには凹みをつける
たゆまぬ練習によって獲得
した水かき

1－21　手のひらにも気を使う

進力を得る。つまり、「泳いで進んでいる」ときにさらに加速するためには、泳ぐ速度以上の速度で手のひらを動かさねばならないということだ。

以上をまとめると、手のひらで大きな推進力を得るには、

①同じ手のひらの面積であれば、抵抗係数C_Dの大きな形状とする、
②手のひらの相対速度を上げる、
③手のひらの投影面積を大きくする、

の3つの手段があることがわかる。

図1－21に示すように、①の抵抗係数を上げることに関しては、魚の尾ひれやカエルや水鳥の足の水かきの形状などからわかるように、周囲が薄くギザギザした形状であるとよい。進化の力を待たずに、すぐに実現するには、指を無理のない程度に若干開き、爪を伸ばして先端をとがらせ

るように磨くといい。また、手のひらでお椀のような凹みをつくると、抵抗係数は大きくなる。

②に関しては、体の移動速度より手のひらを速く動かすことが重要である。

③については、体の水平方向に動くので、手のひらはそれに対して直角に、すなわち、手のひらを後ろ側に直角に向けて水をかくとよい。

科学的トレーニング計画立案法

ここで、物理学の基本に立ち返って運動方程式を見てみよう。運動方程式は、泳ぎに限らず移動するときすべてに当てはまる。体全体の質量をm（kg）とし、体の移動速度をUとすると、体の運動方程式は式4のように表される。

左辺でmと掛け合わさっている項は加速度を示しており、右辺のTは推進力、Dは体が受ける抵抗である。この方程式の意味は、右辺の推進力と抵抗の差によって左辺で表す運動が生じた、ということである。

たとえば、$T-D$が0より大きければ推進力が抵抗を上回るので、体は前進方向に加速することになる。逆に、$T-D$が0より小さければ、抵抗が勝り、すなわちブレーキがかかって体は減

式04

$$m\frac{dU}{dt}=T-D$$

速する。もし、$T-D=0$であれば、速度に変化は生じないので、等速度運動、すなわち一定速度で進むことになる。

この運動方程式からも、体にかかる抵抗が小さければ推進力も小さくてすむことがわかる。また逆に、推進力をいつもどおりに出すとすれば、体の抵抗が小さいほど大きな加速度が得られるので、速く泳げることを意味している。

具体的にどのくらいのパワーが必要なのか、また、どのくらいの速度で手をかければよいのかを見積もってみよう。

図1－20に示した記号を使うと、肩を支点としてhの距離にF_Bの力を作用させたときの肩周りのモーメントMはhとF_Bの積で表される。したがって、腕を長くするとモーメントが大きくなり、その反力で体は腕の回転と逆方向に回転することになる。そのため、腕をかくたびに体がぶれ、蛇行することになる。これでは泳ぐ距離が長くなり、競技上明らかに不利となる（このことについては、PART4でコース取りに関して改めて紹介する）。すなわち、腕は可能なかぎり縮めて、なるべく体に沿わせて動かすのがよい。

腕を下流側に動かすパワーストロークを行うとすれば、腕の回転に使うパワーはモーメントに回転速度を掛けたもので表される。言い換えれば、手のひらで流体の塊を押す力F_Bと手のひらの速度の積で表されるということだ。つまり、手のひらの移動速度を大きくするためには、パワーを大きくしなければならない。

前述のストロークで、静止状態から１秒後に２ｍ／秒の速度を進行方向に出すために必要な力と動力を求めてみよう。体重（質量）60kg、肩の支点から手のひらまでの距離を０・２ｍとし、２ｍ／秒で水中を移動するときの抵抗は95Ｎとする。

まず、体の速度は１秒後に０ｍ／秒から２ｍ／秒の速度になるのだから、加速度は２ｍ／秒^{2}である。このときの力は質量×加速度であり、１２０Ｎとなる。この体が得たパワーは、速度が２ｍ／秒となったのだから２４０Ｗである。

この力を生んだのは、式４からわかるとおり、推進力と抵抗力の差である。抵抗力Dは95Ｎだから、推進力Tは２１５Ｎとなる。

手のひらで押す力F_Bは、推進力Tと同じ２１５Ｎである。この力で体に２４０Ｗのパワーを与えたのだから、逆算して手のひらの移動速度を求めると、１・１２ｍ／秒になる。これより、パワーストロークで前方から後方に１８０度腕を動かすには、０・５６秒で手を動かさなければならないことがわかる。

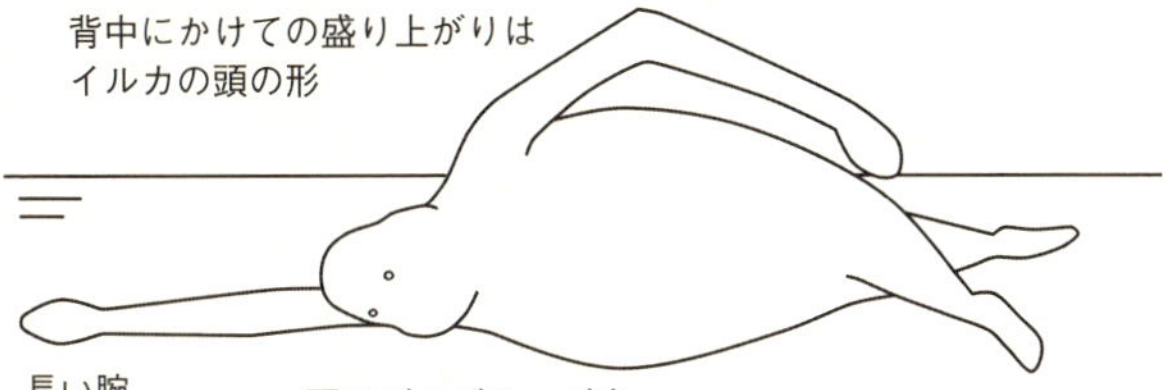

1－22　マグロをイメージしつつ、アザラシやペンギンに近い体型にすれば、造波抵抗が小さくなって誰よりも速く泳げるぞ！

このように具体的に数値を計算できれば、練習時の目標が設定しやすくなる。自分の求める速度に到達するためにはどうしたらよいか、トレーニング計画を科学的に設定できれば、記録を向上させやすくなることは間違いない。

泳ぎに適した理想的体型とは？

以上に述べてきたことから、泳ぎに適した体つきに関して、次のように言える。

まず、手のひらが大きく、指は長いほうがよい。手で水をかくときにはスナップを利かせ、なるべく急に動かすようにして、水の中に壁をつくり、後方にまっすぐ押すことである。できれば手のひらと足の指先には水かきがあるとなおいい。

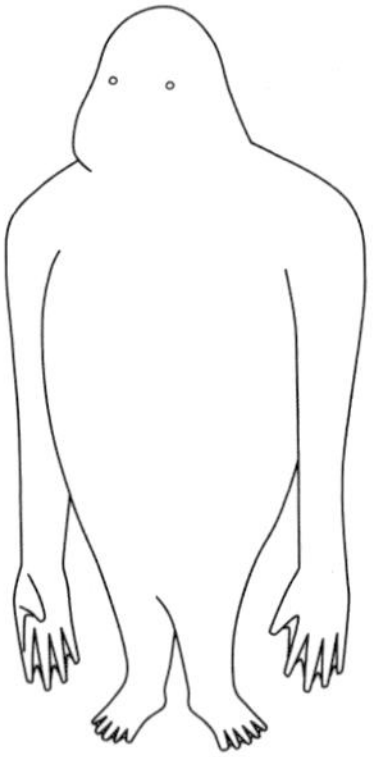

1－23　立ち姿。短い脚や長い手の指の間の水かきに注目！

体型はペンギンやアシカのようにずんぐりして、腕は長いほうがよい。脚はそれほど長くなくてもかまわないが、造波抵抗低減のために身長は高いほうがいい。48ページの図1－17で見たように、180cmはほしいところだ。

頭の形状はバルバス・バウの効果を得るために、イルカのくちばしのようになるのが理想的だ。形状抵抗低減のためには体長と体幅との比は2・6くらいがちょうどいい。身長180cmなら、体幅は69cmということだ。まずは体づくりから始めねばならない。

このような理想的体型を図1－22に示す。

繰り返しになるが、必ずしもやせ形である必要はなく、アザラシやペンギンのように体長／体幅が2・6に近い体型であれば抵抗は小さくてすむ。特に、丸い形状は表面積を小さくできるので摩擦抵抗の軽減にもつながる。

全体的には、マグロの体型に近づくよう心がける。日本人のマグロ好きは世界でも有名だ。これからは、日本競泳陣を「トビウオジャパン」ではなく、「マグロジャパン」と呼ぶことにしよう。

「マグロジャパン」のメンバーの立ち姿を図1-23に示す。このような選手がスタート台に立っていたら、他の選手に与える精神的プレッシャーはかなり大きいものがあるだろう。

PART

2

陸上競技で勝つ
——「走る」「投げる」「跳躍する」の物理学

走っているのは誰か？

オリンピックの花形は、何と言っても陸上競技だ。世界最速の人間を決める１００ｍ決勝は、４年に一度の夢の舞台である。

この陸上競技もまた、工学屋に活躍の場を与えてくれる。２０１２年６月末現在の世界記録は、２００９年８月にウサイン・ボルトが記録した９秒58だが、物理学の原理と発想で、さらなる記録向上が見込める余地が十分にあるからだ。

「走る」ことを物理学の目で分析する第一歩目は、地上で移動する場合には、足で地面を蹴ることで力を地面に伝え、その反動で推進力を得ていることを理解することだ。「そんなこと当たり前じゃないか！」と、ふだんなら誰も疑問にすら感じないことだろう。

だが、少し視点を変えるだけで、この現象はなかなかに面白いものであることがわかってくる。実は、「当たり前」と感じてしまうのは、〝主体〟があなた自身と思うからなのだ。実は、あなたを推進させてくれた「主体」は地面なのである。ニュートンの運動法則の第３法則である「作用・反作用の法則」に則った事実だ。

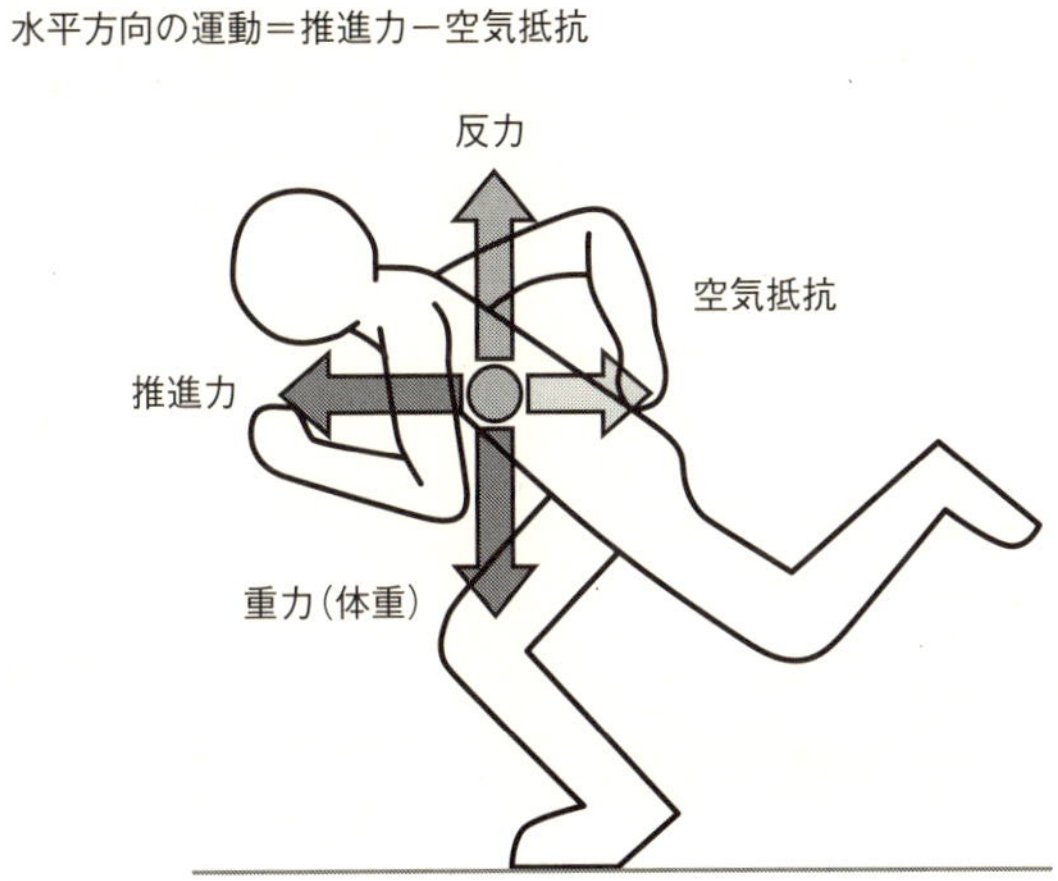

2－1　人が走るときに作用している力

「自力で走っているのだから、地面は関係ない」ではなく、「地面があるからこそ走れる」、いや「走らされる」のだ。実は、この観点にこそ、より速く走るために、自分の力をどのように発揮すべきかという秘密が隠されているのである。

まずは、地上で人が移動するときに、どのような力が作用しているのか考えてみよう。図2－1に示すように、進行方向とそれに直交する軸を含む平面内で、作用する力を考える。この時点で現象の単純化、すなわちモデル化を行っている。体に作用している力の成分は4つである。

①下方向に体重

②地面からの反力（体重＋地面を下に押す

力）
③前進するための推進力、
④走行速度の２乗に比例する空気抵抗

対になる力は大きさが同じで向きが反対なので、打ち消しあっている。このため、たいていの教科書では、この打ち消しあう力を描かずに、体にかかる部分において、推進力と抵抗のバランスだけを描くことが多い。どこから推進力が生じたのか、理解することが難しくなるのはこのためだ。

図に示すように、推進力は体を前方に押す方向の成分として描かれるため、自分が自分を押した力だと勘違いしてしまうのだ。よく考えてみよう。自分が蹴ったのは地面で、その力は後ろ向きである。地面を後ろ方向に動かすように人は力を出したのだから、自分で自分を押してはいない。実は、地面からの反力の水平方向の成分が推進力となるのだ。

73度で蹴り出せ！

図２－１に示した足と地面とにかかる水平および垂直方向の力が、どのように生じるのかを考

えてみよう。足裏から体重が地面に伝わり、そのお返しに地面から足裏に反力が作用する結果、接地面において体重と反力の2つの力が釣り合っている。このため、地面が反力を返せるほど固ければ足がめり込むことはない。したがって、飛び上がるときには、地面から垂直な力Lが戻ってくることになる(図2-2)。

角度θの斜め後方にキックすることで、その水平方向の反力としての推進力T($=F\cos\theta$)と上向きの反力L($=F\sin\theta$)を得る。

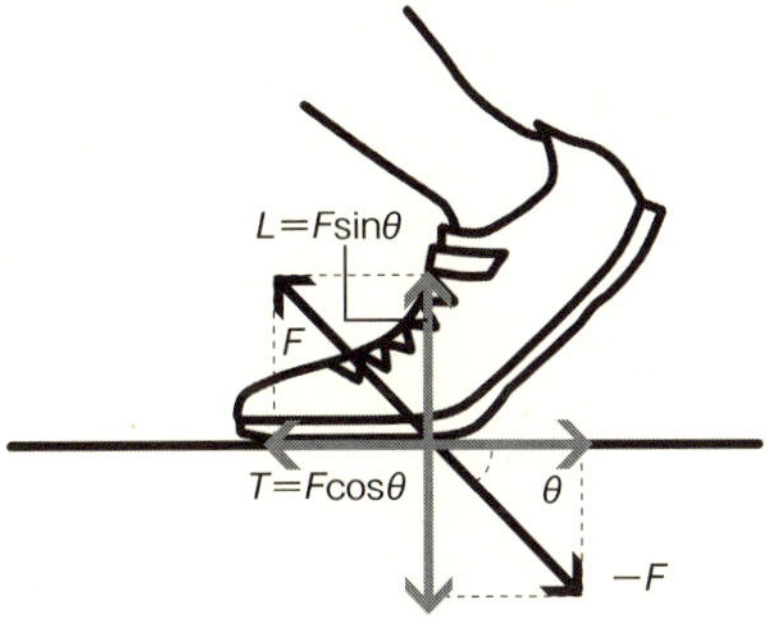

2-2　足で路面に−Fの力を作用させ、路面からは反作用の力としてFを足に返している

水平方向の反力は、足裏と地面の間の摩擦力である。摩擦力は、地面を押す垂直な力に摩擦係数(μ)をかけたものである。この場合の垂直力とは、体重Wとキックによって地面を下向きに押す力$F\sin\theta$の和である。足裏が地面に接している点は止まっているので、この場合の摩擦係数は静止摩擦係数とする。

地面と足裏(シューズのゴム底)の摩擦係数は通常、0.3程度である。もし、推進力Tが摩擦力より小さければ、足は滑らず、地面にしっかりと力を伝えることが

式05

$$\tan\theta = \frac{1}{0.3} \quad \therefore \theta = 73°$$

できる。摩擦係数が0・3である場合、推進力は体重とキックによって地面を下向きに押す力の和の30％以下である必要がある。推進力がそれ以上に大きいと、足が地面をスリップしてしまい、力が路面にうまく伝わらなくなってしまう。このことは、体験としてわかっていただけるだろう。

足が滑ってスリップすると、動摩擦分の力しか反力として返ってこない。動摩擦係数は静止摩擦係数の約10分の1であることから、反力は10分の1となる。氷上のように動摩擦係数が0であれば、完全にスリップしているため反力は0となり、推進力は得られない。

すなわち、いくら練習をして筋力をつけても、摩擦係数の小さなシューズでは力を地面に十分に伝えることができないことになる。シューズのグリップ力が、大きくものを言うのだ。オリンピックの花形である陸上競技に、摩擦がいかに重要な役割を果たしているかがわかるだろう。その分だけ、工学が関わる余地があるということだ。

地面からの反力である推進力を大きく得ようとすれば、足の蹴る力を強くすることはもちろんのこと、体重を重くすることが重要である。また、蹴る角度θを小さくすることも大切だ。蹴る力の限界を最大に引き上げるために、蹴る角度がどのくらいで

式06

$$ma = T - D$$

あればよいのか求めてみよう。

先にも述べたように、推進力Tの限界は摩擦力で制約されている。これを条件に方程式を解くと、垂直（真上）に飛ぶ場合のθ＝90度と、式5で表される角度の2つの解を得ることができる。摩擦係数が0・3である場合には、73度の方向に蹴ることで、もてる力を最大限に推進力として転用できることがわかる。摩擦係数が大きくなればなるほど、その角度は小さくすることができる。たとえば、摩擦係数が0・5の場合には、式5の0・3を0・5に変えることで63度と求められる。

勝機はシューズの底にあり！

水泳でも確認したように、前進方向の運動は、推進力Tと体にかかる抵抗Dの差によって決まる。つまり、その方向の運動方程式は人の質量をm、加速度（＝1秒間の速度変化）をaとすると、式6のようになる。

もし、推進力（T）が抵抗（D）より大きければ、加速度（a）は正であるから、時間とともに速度が増加していく（加速する）。逆に、TがDより小さいときにはa

は負となるので、時間とともに速度は減少する（減速する）。

また、TがDに等しいときにはaは0となり、速度は時間が経っても変化しないことを意味する。つまり、一定速度で移動している状態にある。逆の言い方をすれば、一定速度で走っているときは、推進力と抵抗力が釣り合っている。このときの抵抗力は空気抵抗なので、それと釣り合う大きさの推進力を出せばよい。このことから、空気抵抗が小さければ出す力を小さくでき、エネルギーをセーブできることがわかる。

空気抵抗は、移動速度uの2乗に比例するので、速度が速いとそれだけ大きな推進力が必要となる。「速く走るにはどうするか？」という問いかけに対しては、「空気抵抗を下げる」と「推進力を上げる」の2つが回答となる。

では、走る速度は最大でどこまで上げられるのだろうか？

推進力の限界は、先にも述べたようにシューズと地面との摩擦力に依存する。この関係と空気抵抗の関係を運動方程式にあてはめ、人の標準的な数値である抵抗係数C_D＝1・0、投影面積を0・85m^2、空気密度を1・2kg／m^3、人の体重（質量）70kgから、具体的に速度を求めてみよう。

図2－3に示すように、速度は、走り始めてから急激に上昇するものの、時間が経つと一定速

度に近づいていくことがわかる。この図には、推進力の違いによる速度変化の違いも描いてある。

推進力を100Nで加速し続けると、最終速度（トップスピード）は21・4m／秒＝77km／時となる。最大加速は静止状態からスタートするときであり、このときの加速度は3・3m／秒^{2}である。

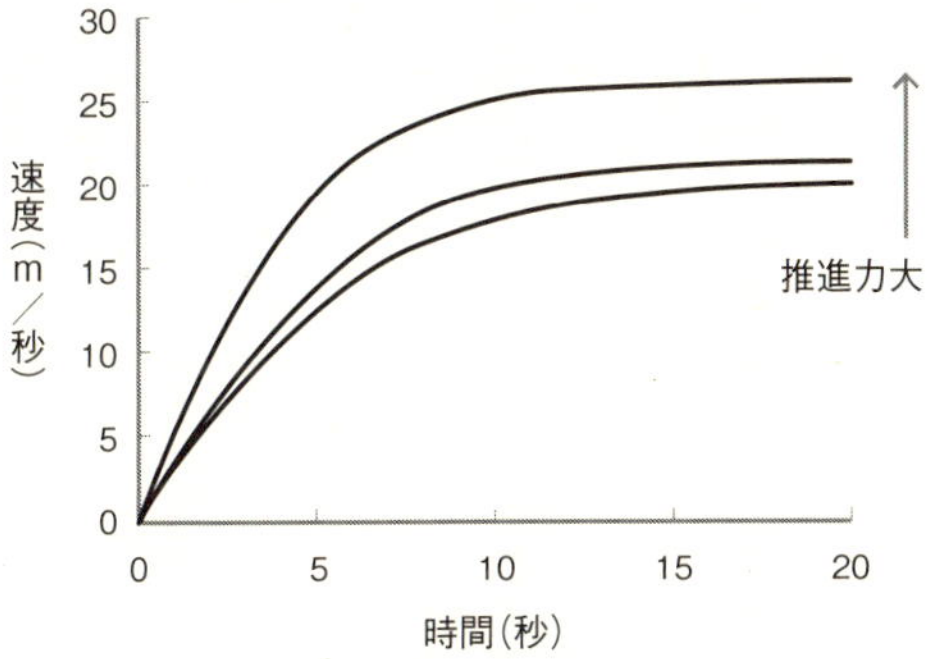

2－3　一定の推進力で走り続けたときの速度の時間的変化

この加速度を大きくする方法は2つある。①摩擦係数を上げることと、②蹴る力を大きくすることだが、手っ取り早い方法は①の摩擦係数を上げることである。工学屋は手抜きをしながら勝つ方法を考え抜くのが商売なのだ。

図から明らかなように、速度が一定値に近づいていくため、加速度は徐々に0になっていく。スタート時点では速度は0なので、速度の2乗に比例する空気抵抗力Dも0である。したがって、スタートダッシュ（スタート直後の第1歩目）における、動き始めに作用している力は推進力しかない。スタート時の推進力は走り始めの加速運動から見積もることができ、69ページの式6に体重70kgと加速度3・3m／秒^{2}を代入して231Nであることがわかる。

以上から、①足裏と地面との摩擦係数が大きいほうが（摩擦係数は最大でも1）、②体重が重いほうが、③蹴る力が大きいほうが、④空気抵抗係数が小さいほうが、最終速度は速くなることがわかる。

2008年の北京オリンピックで、ウサイン・ボルトが鮮烈な五輪デビューを飾ったとき、短距離選手には珍しい大柄な体格に驚いた人は多いと思うが、彼の身体が、少なくとも右の②と③を満たしているであろうことは容易に想像がつく。

9秒632で走る加速力

ここで、先ほどの設定で推進力を一定に保ち、式6の運動方程式に則って走るときのパワーを見積もってみよう。

1秒後に3・3m／秒の速度となるように一定加速をすると、1秒間に走った距離は1・65mである。パワーは、推進力と1秒間に走った距離を掛けたものになるので、381W（＝0・

５２馬力）が必要であることがわかる。

これ以上のパワーがあっても、足裏は地面とスリップすることになり、シューズが滑ってしまう結果、せっかくのパワーがロスして地面に伝わらなくなる。車のタイヤが雪道や泥道、砂道で空転して立ち往生するようすを見たことがあるだろう。グリップの悪い地面で摩擦係数が下がったために、地面にパワーが伝わらなくなり、滑ってしまうのである。

さて、この速度変化で１００ｍを走るには、図２－３に示すように加速を続けることになる。こうすると記録は９・６３２秒となる。ボルトの世界記録９秒58と、これに次ぐ記録であるタイソン・ゲイの９秒69のほぼ中間に相当するタイムだ。理想に近い記録だが、１００ｍの地点で最大速度は14・８７ｍ／秒（53・５km／時）となるので、これが人間として出しうる速度かどうかは別問題である。１００ｍの距離をいかに走れば記録を縮められるかについては、後ほど述べる。

ボルトが流して走っているように見えた理由

短距離走において何と言っても重要なのは、スタート直後の第１歩目によるスタートダッシュ

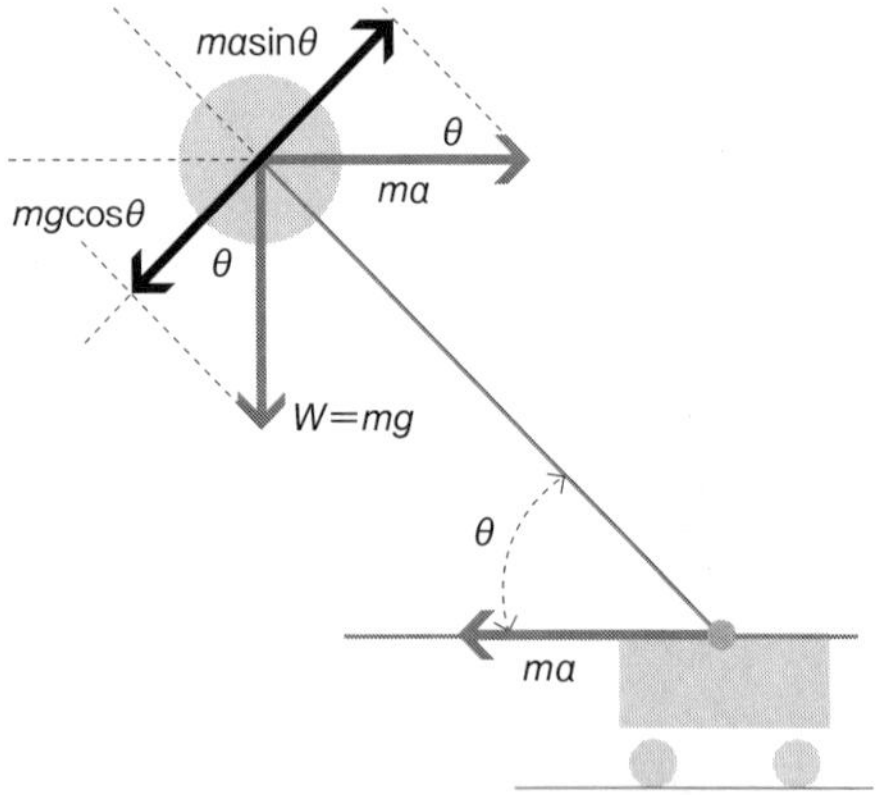

2－4　倒れそうな体を加速運動で支える

だ。トップスピードで走る中間疾走に入る前、ランナーは前傾姿勢で加速している。スタート直後から加速している間の前傾姿勢にどのような意味があるのか、物理学の視点から考えてみよう。

図2－4に示すように、重心にかかる体重によって、前に倒れそうになる状況で角度θだけ傾いたとする。加速運動によって慣性力（$m\alpha$）を重心にかけて釣り合わせるときの関係を調べてみよう。図に示すように、重心における体重および慣性力の体の軸に対する垂直成分の釣り合い関係から、角度θは重力加速度と走りの加速度との比で表されることがわかる（式7）。

すなわち、体を傾ける角度は体重（質量）とは無関係に、加速だけで決まるのだ。体を45度に傾けたとすると、9・8m／秒^2（$\alpha = 9.8/\tan 45^\circ$）の加速をしないと倒れてしまう。逆に、前述の3・3m／秒^{2}の加速では71度で体を傾けることになる。

なお、θ＝90度のときα＝0なので、マラソンのように一定速度で走るときには体は垂直に立

式07

$$\tan\theta = \frac{g}{a}$$

っていることになる。逆に、体を立てて走っているのを見たら、加速も減速もしていない等速走行であることがわかる。

北京オリンピックの100m決勝の後半で、ボルトがまるで流しているように見えたことをご記憶だろう（写真2-5）。だが実は、彼は決して流していたのではない。等速で走っていたために、体が垂直に立っていたのである。「勝負が決まって、力を抜いた」などという批判の声も聞かれたが、空気抵抗と釣り合うように力を出しているので、物理的には推進力を0にしたわけではない。そうでなければ、当時の世界記録である9秒69という驚異的なタイムは決して出なかっただろう。

以上から、走る速度を速くしようとするには、次の3つの方法があるということがわかる。

①体重を重くする、
②足裏と地面の摩擦係数を大きくする、
③空気抵抗を下げる

また、現在のシューズと地面との摩擦係数が0・3であるとき、足で地面を蹴る力の方向を73度にする。スタート時の加速度を上げるには、体を前方に傾けることであ

2－5　まるで「流している」ように見えた北京オリンピック男子100m決勝でのボルトの走り（AP／アフロ）

る。

体重が軽くなると、なぜ不利なのか？　子どもの頃には小柄なほうが足が速い印象があり、違和感があるかもしれない。だが、たとえばプールの中で走ることを考えてみてほしい。浮力で体が軽くなり、足が地に着かなくなって蹴りにくい思いをした経験があるだろう。

また、摩擦の小さな（すなわち滑りやすい）氷の上では歩きにくいはずだ。これらの体験から、有効に力を地面に伝え、反力を得る重要性が理解していただけることと思う。

空気抵抗を下げる3つの方法

流体工学が蓄積した技術がものを言うのが、③の空気抵抗を下げることだ。25ページでも紹介したように、物体の大きさと速度の積と動粘性係数（＝粘性係数／密度）との比をレイノルズ数（Re）と言う。流れが物体に及ぼす慣性力と粘性力との比を表したものだ。レイノルズ数が1であれば、慣性力と粘性力は同じ程度に作用することを示している。

胴の直径がdの人間が歩く速さuにおける空気の流れのレイノルズ数は2万2000であり、慣性力が粘性力に比べて約2万倍も大きいことを表している。言い換えれば、空気の粘性の影響、すなわち空気との摩擦力は無視できるということだ。

では、空気抵抗となるのは何なのか？　図2-6に示すように、人（物体）が進む方向の前面部分と後方面とに作用する圧力差によって生じる形状抵抗がその正体である。

この抵抗力は、レイノルズ数が高い場合には速度の2乗に比例する（式8）。k_hとC_Dは抵抗係数であり、Aはものを前面から見たときの投影面積である。速度を上げるには、抵抗係数k_hを小さくする必要があるが、その方法としては、①C_D値を小さくする、②空気密度ρを小さくする、③投影面積Aを小さくする、などが考えられる。

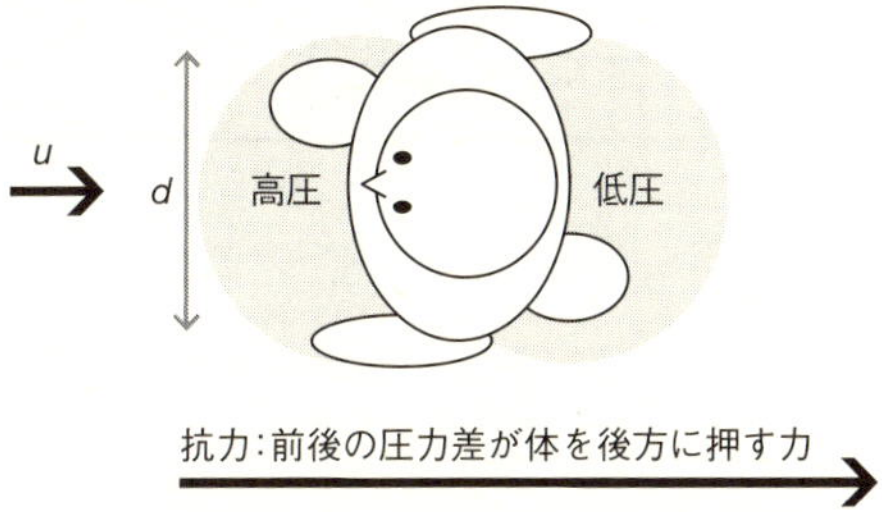

2-6　移動すると前面の圧力は高くなり、後面の圧力は低くなる

式08

$$D = k_h u^2 = C_D \frac{1}{2} \rho u^2 A$$

①の抵抗係数C_Dは、水泳についても確認したように、物体の形に依存する。抵抗係数の値が小さくなる形、特に後方の形状が後ろに伸びたいわゆる流線型では2桁ほど小さな値となる。

②の空気の密度は気圧と関係があり、気圧が高いと密度も高く、逆に気圧が低いと密度は小さい。したがって、低気圧のときに走ると抵抗係数を小さくできる。山の上のような高所では気圧が低く、空気の密度が小さいので、抵抗係数は小さくなる。

③の投影面積を減らすには、人間の横幅を許容できる範囲内でなるべく小さく、スリムにする必要がある。

よく、マラソンの選手が集団で人の後ろを走ったり、自転車競技で縦に並んで走る姿を見かける。「前方を走る人（自転車）を風よけに使う」といった表現をするのを聞いたこともあるだろう。

人間を円柱に見立てると、その直径の2倍以上から8倍までの距離を保つとその効果が得られる。直径がおよそ30㎝とすれば、60㎝から2・4m程度の距離を開けて走るといい。こうすると、後方の人の抵抗係数は前方の人の約3分の1となる。これ以上離れると、一人で走るのと同じになり、空気抵抗を減らす効果はなくなる。

では、逆に2倍以下の距離に詰めたら、何が起こるのだろうか？　実は、前方を走る人と後ろの人との空間における圧力が低くなり、後方の人は前方の人に吸い寄せられるのだ。このとき、前方の人の抵抗も若干ではあるが下がるので、2人がぴったりとくっついて走ることができればお互いに抵抗が小さくなって有利だが、現実的には走りづらいだろう。そこまでぴったりくっつかれたら、前方の人が受ける精神的プレッシャー（圧力）は逆に上がるだろうが。

併走するとどうなるのか？　2人の間隔をやはり直径の2倍以下にすると、すなわち60cm以下の距離で真横に並んで走ると、うまくすれば流れが偏って横の人を風よけに使うことができ、片側の人の抵抗係数が70％程度に低下する。併走していても、縦に並んだときと同様の効果、すなわち、人の後ろについたときのような空気抵抗の低減効果が期待できるのだ。

抵抗係数が小さくなると、一定速度で走っているときの推進力を小さくできる。これはつまり、パワーをセーブできるということであり、長距離を走る場合には積極的に「相手を使う」ことが重要である。

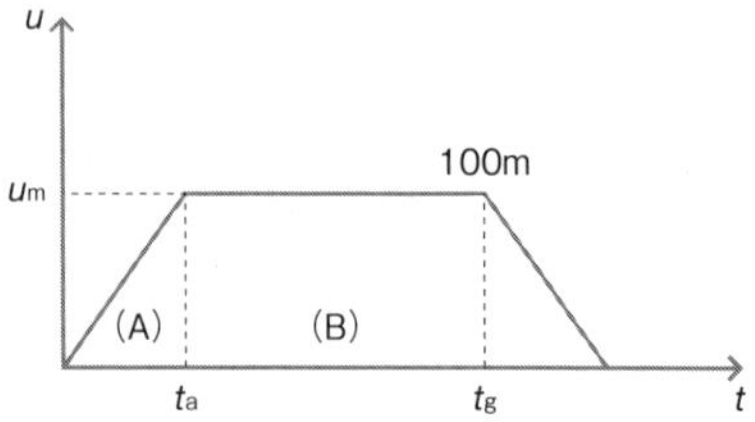

2-7　100mを走るための走行計画

8秒98 ――驚異的な記録を出す簡単な方法

前述のように、一定加速で記録を狙うには、人間が出しうる速度の範囲内で達成できるとはかぎらない。そこで、現実的に世界記録を狙うための作戦を練ろう。

図2-7に示すように、スタートから加速して最高速度 u_m に t_a 秒後に到達し、速度 u_m をキープしたまま t_g 秒に x＝100mの地点を走り抜け、その後、減速して止まることとする。目標は、ゴールに達する時間 t_g をいかに小さくするかという戦略を練ることである。

100mを走った距離は、図2-7の速度変化で示される台形における(A)の面積＋(B)の面積＝100mで表されるので、ゴールに達する時間 t_g は式9のようになる。つまり、t_g は加速時間 t_a と最大速度 u_m で表されるということだ。この式から加速時間を長くすると、最大速度を速くしないと到達時間を短くできないことがわかる。

希望する t_g と最大速度 u_m を決めれば、式9から加速時間が得られる。たとえば、最大速度 u_m＝

式09

$$t_g = \frac{t_a}{2} + \frac{100}{u_m}$$

10m／秒で100mを9秒で走ることを考えると、t_aは負の値となる。つまり、最大速度10m／秒では、9秒では走れない。加速なし（三角形(A)の面積＝0）で、いきなり最大速度の10m／秒で走ったとしても10秒かかることからも自明である。

では、最大速度を2割増しにして12m／秒ではどうか？ 100mを9秒で走るためには、t_a＝1・33秒、加速度a_aは9・02m／秒^{2}と求められる。このとき、体の前傾角度は47度となる。すなわち、1・33秒で最大速度12m／秒まで加速して、その後、最大速度を維持すれば、100mを9秒で走れることになる。

目標タイムを決めて、加速時間と一定速度維持の戦略を立て、これに向かって練習することが世界記録につながるのである。

ちなみに、北京オリンピックでのウサイン・ボルトは、スタートから36・5mの地点まで加速し、t_a＝3・3秒後に一定速度となり、そのままの速度を維持してゴールを駆け抜け、9秒69という記録をつくった。

これらの値から、ボルトの最大速度はu_m＝12・4m／秒と求められる。彼の加速度はa_a＝3・76m／秒^2、現在のシューズと地面との摩擦係数が0・3であるとき、体の前傾角度は69度だったことがわかる。もしボルトが、加速時間はこのままで、最大速度を1割増しの13・64m／秒に伸ばすことができれば、8秒98という驚異的な記録を叩き出すことができる！

このときの加速度は4・13m／秒^{2}であり、体の前傾角度を67度にすればよいことがわかる。驚くべきことに、たった2度だけ体を前方に傾けることで、記録を伸ばすことが可能になるのだ。

スタートダッシュをチータに学べ

水泳のモデルを海の生きものたちに求めたように、スタートダッシュ（スタート直後の第1歩目）をきわめるために陸上最速の動物にご登場願おう。最高速度は110km／時を誇り、あっという間にトップスピードに移行できるスタートダッシュの王様だ。

まずは、チータの脚をバネに見立てるところから話を始めよう。バネの力は、縮んだ距離とともに大きくなる。すなわち、脚を曲げて縮めれば縮めるほど大きな力を出せるということだ。縮めることで蓄えられるエネルギーは、縮めた距離の2乗に比例する。一般的に、飛び上がるときに脚を曲げて屈《かが》むのは、無意識にエネルギーを蓄えているのである。

図2－8に示すように、体重50kgのチータがスタートダッシュにおいて、30度の方向に蹴り出

したときの加速度から、1秒後の速度を求めてみよう。同時に、そのときのパワーも見積もってみる。

バネ（後ろ脚）で生み出す力をR、水平方向の推進力をT、垂直方向の力をWとする。体重を50kg×9・8m／秒^2＝490Nとすると、図2－8を参考に、これがWと釣り合う条件からRを求めると980Nとなる。また、この値から推進力Tを求めると、849Nである。

運動方程式$ma=T$より、スタート時の加速度は17m／秒^{2}と求まり、したがって、1秒後には17m／秒（＝61km／時）の速度となることがわかる。このときのパワーを計算すると7・2kWだ。

脚によるバネの力を前進方向の力Tに変換するためには、できるだけ前傾の角度を小さくするほうがよいが、体重に見合うだけの上向きの成分も必要である。このため、スタートダッシュに関しては体重が軽いほうが有利となる。体の大きいボルトが、スタートを苦手とするのは体重が重いためである。

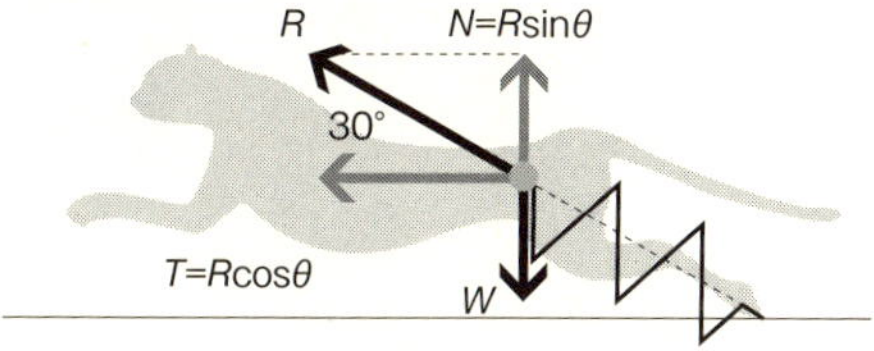

2－8　チータの跳躍

走りと空気抵抗の大事な関係

パワーを効率よく発揮するためには、脚の回転をどう活かすかが重要だ。回転の回数＝地面を蹴る回数となるからである。

図2－9に示すような、長さrの脚の運びをモデルに考えてみよう。

車のタイヤなど、回転運動を考える際に重要になるのが「トルク」だ。トルク（Tq）は、脚の長さrに推進力Fを掛けたもので、たとえば自転車をこぐときにペダルを押す力がこれにあたる。トルクが強ければこぎ出しの加速が上がるわけだ。単位はNm（ニュートンメートル）を使う。

図に戻って、地面を蹴る回数をn（rpm：毎分回転数）で表すと、腰の位置の単位時間あたりの移動距離はnに比例する。また、回転運動によるパワーは、回転数とトルクとの積に比例する。

マラソンで体重（質量）70kgの人が20km／時（＝5・56m／秒）の一定速度で走っているときのことを考えてみよう。このとき、このランナーには空気抵抗と釣り合う推進力が作用している。脚の長さrを0・7mとして、この走行に必要なパワーはどの程度になるだろうか？

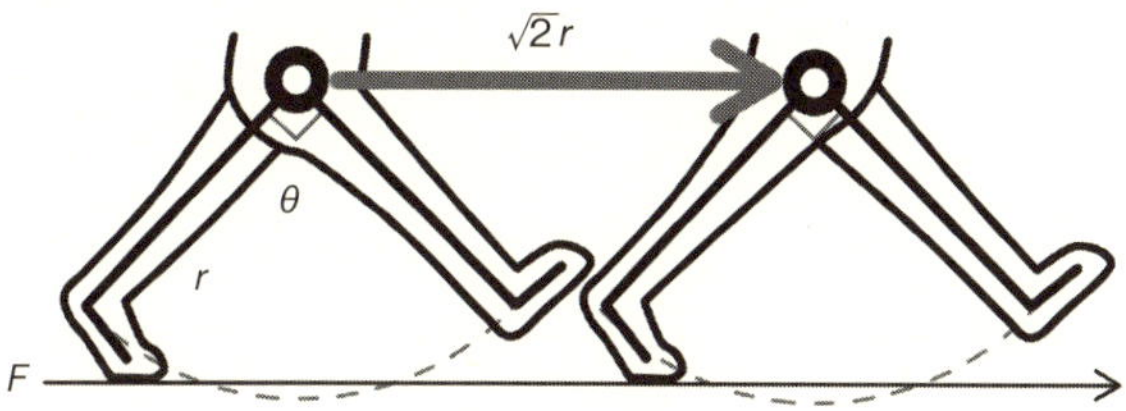

2-9　脚の運びによる移動距離、必要なトルク

この脚で1ステップ進めたとする。図に示すように両脚の角度θが90度であるとすれば、体は$\sqrt{2}\,r$進む。約1mだ。実際には、足が地面を離れてジャンプしたような状態になっているのでもう少し進むが、簡単のためにその効果は無視している。

20km／時では1秒間に5・56m進むので、このときの脚の回転数（蹴る回数）は334rpmになる。空気抵抗の大きさは、抵抗係数を1、空気密度を1・2kg／m^3、投影面積を0・85m^2と標準的に見積もれば、15・8Nとなる。

これと釣り合う推進力を足裏の蹴る力で出すことになるので、脚を動かすためのトルクは、11Nmである（15・8N×0・7m）。必要なパワーは、トルクに1秒あたりの回転数を掛けて、88W（＝0・12馬力）と求められる。

一定速度で走るために消費するエネルギーは、空気抵抗と釣り合わせる推進力を出すために使われる。したがって、もし空気抵抗が働かなければ、これに使っていたエネルギーを消費する必要はないことに

式10

$$
\begin{aligned}
88[\mathrm{W}]\times 2\text{時間} &= 88\times 2\times 3600\\
&= 633.6\,\mathrm{kJ}\\
&= 151\,\mathrm{kcal}
\end{aligned}
$$

なる。走りにおいて、空気抵抗をいかに減らせるかが重要なのは、この理由による。

ちなみに、エネルギー消費をセーブする方法は2つあり、①脚の回転数を低く抑える、つまり大股で走る、②空気抵抗を下げる、のいずれかである。マラソンで2時間走った際に空気抵抗のために消費されるエネルギーは、式10のように求められる。カレーライス1杯1000kcalとして、15%のエネルギーに相当する量だ。40km走っても、この程度の消費エネルギーしかないことに驚かれただろうか？

福島千里がジョイナーの記録を破る日

2008年の北京オリンピックで、日本の女子選手として56年ぶりに100mの代表となった福島千里の走りを解析してみよう。トラックを優雅に駆け抜けてゆく彼女の姿は美しい。100mでは2010年4月に記録した11秒21、200mでは同年5月の22秒89と、いずれも日本記録を保持する女子陸上界のスター選手だ（写真2－10）。

陸上女子１００ｍの世界記録は、フローレンス・グリフィス＝ジョイナーが１９８８年７月に記録した10秒49である。奇しくも福島の生まれた年だ。０・７２秒のタイム差がある二人が一緒に走ったら、ジョイナーが完走したとき、福島はまだゴールの手前６・４ｍにいる計算になる。どうすれば、この０・７２秒差を縮められるのか？

75ページで紹介した３つの方法のうち、①体重を重くする、③空気抵抗を下げる、の２つの観点から考えてみよう。

2－10　世界に挑む福島千里
（杉本哲大／アフロスポーツ）

まず、①の体重だ。好成績を出している他の選手と比較したとき、身長では１６５cmとほぼ互角の福島だが、体重は52kgと、60kg前後が多いライバルに引けをとっている。前述のとおり、鍛えた筋力を地面を蹴る際の摩擦力として有効に使うためにも、体重を15％ほど増やす必要があるだろう。

次に③の空気抵抗だ。正面から受ける空気

の流れを減らすために、投影面積を小さくすることを考える。解決法は簡単だ。体を前傾させることで正面から見た体表面積を少なくし、空気抵抗を下げて速度の増加を見込むのである。福島の走りを解析すると、前傾の角度はおよそ80度である。これをさらに傾けて59度にすれば、正面から見た面積は87・3％に減少する。その結果、速度は約7％増加し、１００ｍを10秒49で走り抜けることが可能となるのだ。

忘れてはならないのは、空気抵抗に影響しないよう、スリムなまま体重だけを重くする必要があることだ。難題だが、美しい走りをキープしながら、ぜひ世界に挑んでほしい。

走りに適した理想的な体型とは？

ここで、理想的な体型と走りを紹介しておこう。まず、短距離走で速度が重視されるときは、図２－11に示すような体型と姿勢で走るとよい。

①摩擦力を大きくするために、体重は重いほうがよい。これによって、鍛えた筋力を十分に推進力として活用できる。

②足の回転運動を力強くするために、つま先からかかとまでの長さ、つまり「足」が大きいほう

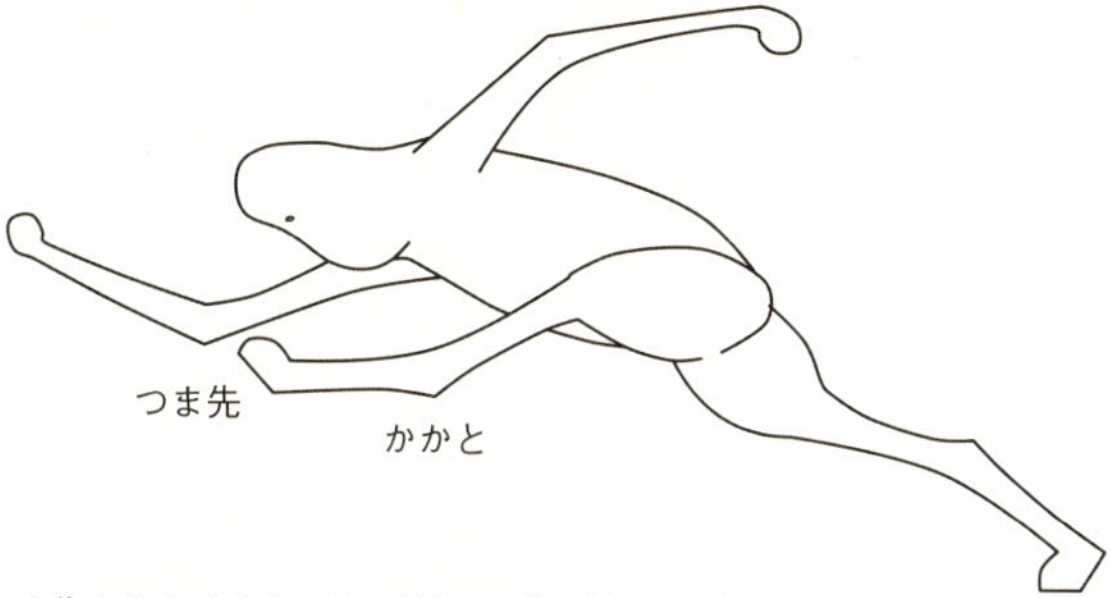

つま先からかかとにかけて長いほうがよい

2-11 短距離選手の理想的体型

がよい。

③つま先が接地部分となるので、その部分の摩擦力を上げる素材のシューズを履く。

④頭から胴体は、空気抵抗を小さくするために寝かせる。胸の厚みと頭からお尻までの寸法比は、空気が体に沿ってスムーズに流れるように2・6とする。なお、お尻は後方に向かってとがっていればなおよい。頭と肩は段差がないよう、なめらかにつながっていることが理想的だ。

⑤胴体を寝かせると重心が前方に移るため、つねに重心が接地する足の真上に来るようにする。寝かせた姿勢をとるならば、頭を軽くする（小顔にする）とともに、お尻を重くすれば最高速度で流せるようになる。

⑥脚を大股で回転させるために、腕は長いほうがよい。

まるでダチョウのようである。

長距離走においては、一定速度で走るためのエネルギーの使い方が重視される。その理想的体型は、図2－12に示すようなものになる。エネルギー消費を抑えるために、空気抵抗を下げる工夫が重要だ。

①形状抵抗を減らすために、体を細くして投影面積を小さくする。摩擦抵抗を小さくする素材のウェアを着る。

②歩幅を大きくとるために、脚は長いほうがよい。

③形状抵抗を小さくするために、腕は短く、小さいほうがよい。

④頭の形は、球に近いよりも後頭部が後ろに出ているような形がよい。頭の高さと後ろ側への長さの比は、先に述べたのと同様の理由で2・6であれば低抵抗となる。長い髪を束ね、このような形に固めることも効果がある。短い髪の場合は、カチューシャのような髪留めをおでこの髪の生え際につける。これにより、ゴルフボールのディンプルのような効果が得られ、頭の抵抗を下げることができる。あるいは、ハリセンボンのように髪を

2－12　長距離選手の理想的体型

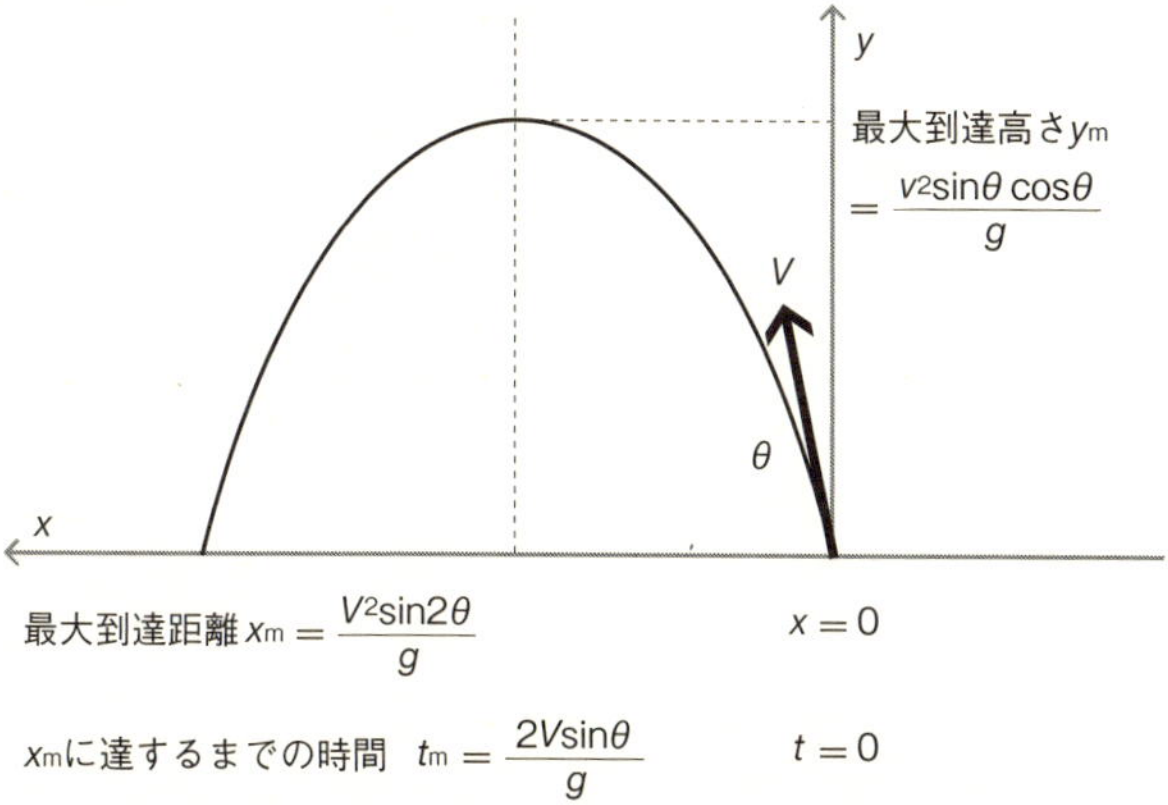

2－13　初速 V で斜めに投げたときの砲丸や槍の軌跡（空気抵抗を考慮しないとき）

トゲトゲに固めるという手もある。

⑤胴体の幅の2倍程度の距離をとって、なるべく人の後ろ、もしくは横を走ると抵抗が減る。

投擲競技で勝つ――より遠くへ投げる物理学

ここからは、同じ陸上競技でも、「投げる」種目について物理学の視点で光を当ててみよう。

砲丸でも槍《やり》でもハンマーでも、投げた物体の着地地点は、図2－13に表したように式11によって求めることができる。ちょっとややこしい式に見えるが、要は投げ出した角度と、投げた速度が重要ということだ。式11からは、$\theta = 45$度の方向に投げれば、飛ぶ距離が最大となることがわかる。

また、同じ式から到達距離は投げ上げる速度の

式11
$$x_{m} = \frac{V^{2}\sin 2\theta}{g}$$

2乗に比例するので、投げ出す速度Vを速くすればするほど、好成績が得られることになる。砲丸や槍を投げるために回転運動する腕の先端の速度Vは、腕の長さrと回転角速度との積で表せる。投げ出し速度を上げるためには、①腕を長くするか、あるいは②回転角速度を上げるか、のいずれかである。

砲丸投げ——自分自身が砲丸になる！

数ある陸上競技種目の中でも、飛び抜けて巨体の選手が多く登場するのが砲丸投げだ。砲丸投げの選手はなぜ、あんなに大きな体をしているのか？　実はここにも、「オリンピックに勝つ物理学」が潜んでいる。

男子の砲丸投げで世界歴代1位の記録を保持しているのは、アトランタオリンピックで金メダルを獲得したランディー・バーンズだ。彼の世界記録は、金メダル獲得に遡《さかのぼ》ること6年前、1990年に樹立した23・12mである。

この記録を式11にあてはめると、投げ出し速度Vは15m／秒だったことがわかる。野球のピッチャーのような投げ方ではないので、腕を回転させずに押し出して投げたものとすると、力は363Nだ。

これほどの力を砲丸に与えたということは、バーンズの体が受けた反力もそれだけあったということだ。砲丸の質量mは7・26kg、バーンズの質量（体重）をM、反動で動く速度をvとすると、運動量保存則からM＝108kgと求められる（mV＝Mvが成り立つ）。反動で1m／秒の速度で動くと仮定しても、体重は108kg必要ということになる。

これが、砲丸投げの選手が巨漢であることの理由である。この競技で金メダルを勝ちとるためには、まずは体重の大きな、重い体づくりが必要であることがわかる。ちなみに、バーンズの実際の体重は137kgである。

2－14　砲丸投げに最も適した体型は、自分自身が砲丸になることだ！

前述したとおり、砲丸の投げ方はボールを投げる方法とは異なり、押し出す方式である。この方式では、砲丸を投げ出す方向が体の重心を基点としたものであることが理想である。このため、図2-14に示すように、上半身が重く、重心が上にある体型が理想的となる。

砲丸投げにおいて、ボールを投げるような投法がうまくいかない理由は、投げ出す際の基点が体の重心とズレるためである。その結果、体が回転してしまい（実際には、その反動で肩を痛めることになる）、せっかくの体重をうまく使えなくなってしまうのだ。

やり投げ――真上に投げる感覚をもて！

かつては100mを超える大投擲も見られたやり投げ競技だが、あまりに飛びすぎると同時刻に開催中のトラック競技の選手に危険が及ぶため、現在では「飛びにくい槍」が使用されている。飛びにくさを実現する際には、重心の変更というこれまた物理学的な手法が使われた。

細く長く、そして軽く見える槍だが、実際には男子で800g、女子で600gほどの重さがある。長さは、男子が2・6~2・7m、女子が2・2~2・3mだ。

現在の世界記録は98・48m。バルセロナからシドニーまで、オリンピック3連覇を果たしたヤン・ゼレズニーが1996年5月に樹立したものだ。

遠くに飛ばすための理想的な投げ出しの角度が45度であることは他の投擲競技と変わらない

が、物理学の観点から勝利を呼び込むにあたって、やり投げには独特の注意点がひとつある。「助走」を考慮に入れなければならない、ということだ。

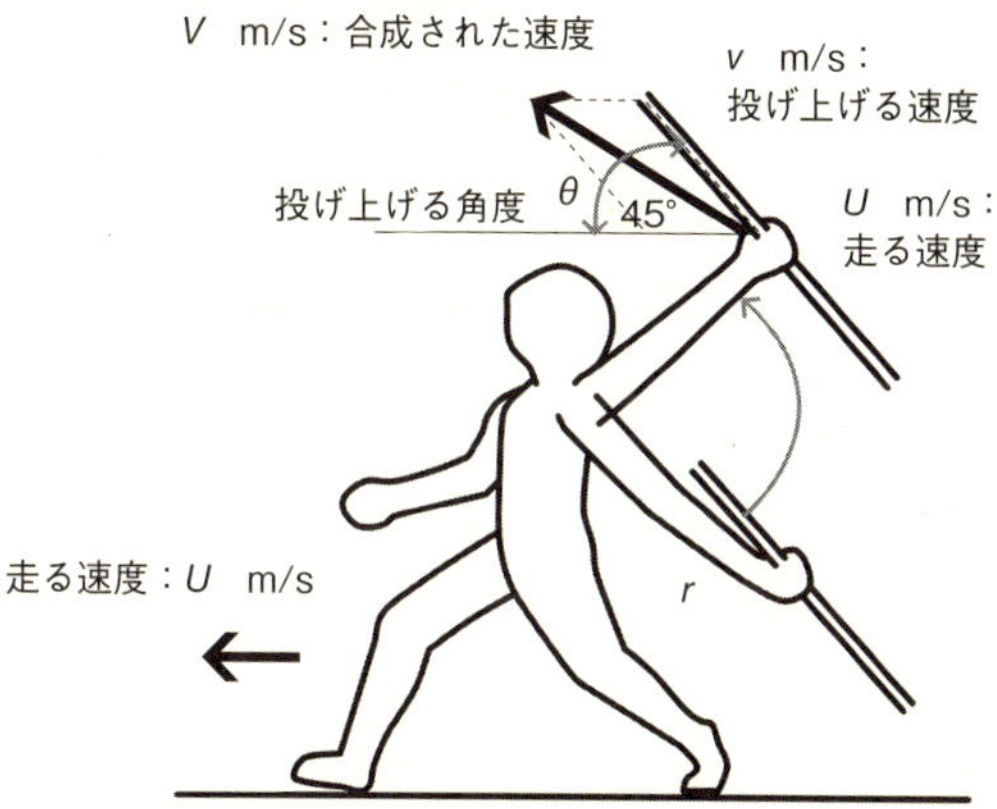

2-15 槍を投げる方向は？

図2-15に示すように、U m／秒の速度で走りながら、長さrの腕を90度回転させて水平から45度の方向に投げ出すことを考えよう。助走をつけている場合は、その速度が投げる速度に加算される。合成された速度Vは、図の上部に太い矢印で描かれているように、投げ上げる速度と走る速度でつくられる平行四辺形の対角線に相当する。

問題は、この角度を水平方向に対して45度にするために、一工夫必要だということだ。投げ上げる速度vは一定であるとして、走る速度Uが変化した際に、投げ上げる角度θがどうなるかを示したのが表2-16だ。走る速度が増すほど、投げ上げる角度が急角度になっていくことがわかる。この投げ上げる

走る速度 m/s	走る速度／投げる速度(31m/s)	投げ上げる角度(°)
0	0	45
3.1	0.1	49
6.2	0.2	53
9.3	0.3	57
12.4	0.4	61

2－16 投げる速度が一定（31m／秒）のときの、走る速度と投げ上げる角度の関係

角度θは、式12によって求められる。

走らずに止まったまま投げ上げるのなら、45度の方向に投げるのが最も遠くまで飛ばせる。図2－15からわかるように、助走しているとその速度が加わるので、合成された速度方向が45度となるためには、投げる方向は45度より大きな角度となるのだ。

たとえば9・3m／秒で走っている場合、槍を投げ上げる速度が31m／秒であれば、その比は0・3となるので、表2－16から投げ上げる角度は57度であるとわかる。実際には、ほとんど真上に投げる感覚で投げなければ45度方向には向かず、距離が伸びないはずだ。

逆に言えば、自分の走る速度を測定して、それに合わせて投げる方向をうまく調整できれば、距離が伸びることは間違いない。物理学の知識を活かしたうえでふだん通りの力を出せば、それだけで好記録が保証されるのだ。各選手が自分の

式12

$$\sin\theta - \cos\theta = \frac{U}{v}$$

速度に適した角度で投げ上げているかどうかに注目するのも、面白い観戦ポイントになるだろう。

ところで、ゼレズニーが男子歴代1位の98・48mを記録した際の投げ出し速度を逆算すると、ちょうど31m／秒になる。必要な力は83Nとなり（0・8×31／0・3）、363Nを要した砲丸投げとは異なって、やり投げの選手に重い体重は必要ないことがわかる。

槍を遠くへ飛ばすには、まず第一に「投げ出し速度」を上げることだ。そのためには、①腕の振りの速度を上げる、②腕を長くする、の2つの方法がある。第二に、腕の振りの速度に上乗せできる「助走の速度」を向上させる。そして第三に、走る速度が上がった分だけ高くなる「投げ上げる角度」を最適化し、合成した速度の方向が45度となるようにすることだ。

走り幅跳び――滞空時間1秒を目指せ！

跳躍競技の代表として、ここでは走り幅跳びに焦点を当ててみよう。

現在の世界記録は、１９９１年8月にマイク・パウエルが残した8・９５ｍだ。ソウル、バルセロナとオリンピックではいずれも銀メダルに終わったパウエルだが、世界選手権では2度にわたって金メダルを獲得している。特に、91年の東京大会で叩き出した8・９５ｍは、当時この種目で65連勝を飾っていたカール・ルイスを打ち破る大跳躍だった。

跳躍競技の物理学を探るために、91ページの図２－13に戻ってみよう。より遠くへ跳ぶためには、飛び出しの速度Vを大きくすること、角度θを45度にすることであった。これを走り幅跳びに適用すると、水平方向の速度はすなわち「走る速度」であり、１００ｍを10秒で走る10ｍ／秒の助走をつけて、45度で跳躍すれば、記録は20・４ｍと求められる。

だが、20年以上破られていないパウエルの記録でさえ、到達距離は8・９５ｍでしかない。見積もりの半分以下である。なぜなのか？　最も大きな要因は、理想的な角度である45度で跳べていないことだ。

単純に考えれば、10ｍ／秒で助走して飛び上がり、そのまま1秒間空中にいられれば、確実に10ｍは跳べるはずである。１秒間空中にいるためには、上向きに４・９ｍ／秒で飛び上がる必要がある。そうすれば、落ちてくるまでにちょうど1秒かかる計算だ。

このときの最高点の高さは１・２３ｍである。11・１ｍ／秒の速度で、角度26度で飛び出せ

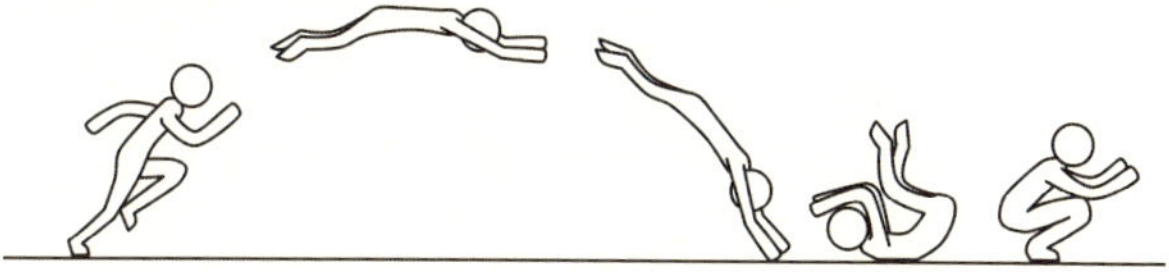

2－17　走り幅飛びの理想的な距離の伸ばし方を考えるとこうなるが……

ば、滞空時間1秒の跳躍が可能になる。走り幅跳びでより遠くまで跳ぶためには、やり投げと同じく、できるだけ高く飛び上がることがポイントである。

したがって、まずは1・23mの高さまで片足で飛び上がれるように練習し、できるようになったら、今度は速く走る練習をすればよい。両方を達成できたら、四半世紀ぶりの世界記録樹立となる10mの飛距離も夢ではない！

余談になるが、工学屋としてどうしても気になる話題に触れておきたい。

助走の前に観衆の手拍子を促し、これを後押しにして全力で跳ぼうと試みる選手は多い。物理的には、あの手拍子はどのくらいの後押しになるのであろうか？

たとえば、大音響で拍手の音圧レベルが100dBあったとすると、圧力（厳密には圧力変動の幅だが）は2Paとなる。つまり、この圧力は2N／m^2であり、人間の背面の面積を0・85m^2とすると、2×0・85

＝1・7Nの後押しとなる。重さに換算すると、170g程度の力だ。
跳ぶ瞬間に作用すれば、ないよりはいくぶんマシである。なお、競技場の全体から拍手が来ると前後の圧力差がなくなってしまうので、背面の観客にだけ拍手を求めるのが正解だ。

以上の分析から、図2-17に示すような跳び方はどうか。

体の一部が地面に着いたところまでが飛距離とされるのだから、水泳の飛び込みのように前に腕を出して跳び、手で着地した後に前方宙返りをするように跳躍すれば、距離が伸びるだろうという計算だ。実はかつて実践されていたこともあり、好記録も出たのだが、頭から飛び込むかたちでの着地が危険なことから禁止されたのだという。物理学的にはきわめて理想的な跳躍だけに、残念な現実ではある。

なお、跳躍の速度は足の指先を中心とする脚の回転運動であるから、足のサイズの大きな選手ほど有利であることもつけ加えておく。

PART 3

球技で勝つ
——本田圭佑が放つ無回転シュートの秘密

ボールの挙動を予測不能にする〝特異な領域〟

10ページの表に掲載したように、オリンピック種目の中にはいくつもの球技が含まれている。なかでも、注目度が高いのがサッカーだ。男子では23歳以下のワールドカップに位置づけられており、女子も「なでしこジャパン」の活躍で俄然、人気種目に躍り出ている。

ボールを蹴ってゴールに入れ、得点を競うスポーツであるサッカーにとって、強力なキックをもつ選手はチーム最大の武器である。豪快なミドルを叩き込むキャノンシュートや、優雅な曲線を描くバナナシュートなど、観衆を魅了してきたキックは数多いが、近年注目されているのが「無回転シュート」だ。

特に、2010年6月に開催されたワールドカップ南アフリカ大会グループEのデンマーク戦で本田圭佑が放ったフリーキックがゴールネットを揺らしたシーンが強く印象に残ったのは、私だけではないだろう。そのとき本田が放ったシュートこそ、ボールが急激に落ちたり揺れたりして、軌道の予測が不可能だと言われる無回転シュートだった。

軌道を予測できないのでは、キーパーにしてみれば防ぎようがない。そのような予測不可能な運動が、なぜ起きるのか？　この章では、「球技に勝つ」物理学を探っていくことにしよう。競泳や陸上競技と大きく異なるのは、ボールをはじめとする道具が介在することだ。

　これから順を追って見ていくが、無回転シュートが不規則に揺れ動く理由のひとつは、ボールまわりの空気の流れが、ちょうど急激に変わる〝特異な領域〟での運動であるということだ。2つめは、無回転にすることによって、その影響がより出やすい状況を生む点にある。

　ちなみに、無回転と言っても、まったく回転していないわけではない。物理学的には、「ブレ球」と呼ぶほうが正しい。

〝切り立った崖〟に注目！

　まずは、ひとつめの理由である〝特異な領域〟について探ってみよう。球技だから、というシャレではないが、球まわりの空気の流れはたまたま、ちょっとしたことで急激な変化を起こす微妙な条件下にある。

　もしかしたら人類は、「予測不能な動きをすることが競技の面白さ（ギャンブル性）を増す」ことを経験的に会得してきたのかもしれない。もしボールの動きがすべて予測可能な運動であれば、蹴る側は完璧なコースを狙い打ちにできる一方、キーパーも完全な予測のもとにどんなシュートも防げてしまうのでまったくゲームにならないからだ。

物理的には、球まわりの空気の流れが絶妙な条件下にあることが、球技を格段に面白いスポーツにしていると断言できる。

では、蹴られたボールの周辺では、どのような空気の流れが生じているのだろうか？　球の抵抗係数と、球まわりの流れを決める条件との関係を見てみよう。

ここでふたたび登場するのが、レイノルズ数（Re）だ。レイノルズ数とは、「ものの寸法×移動速度で表される慣性力」と「動粘性係数で表される粘性力」との比のことだった。空気中を移動する速度が同じであれば、寸法の大きい物体のほうがレイノルズ数は大きく、逆に、寸法が同じであれば速度が大きいほうがレイノルズ数は大きいという関係にある。

動粘性係数は「粘性係数／密度」という比で表される。空気の動粘性係数は1・5×10^{-5}（m^2／秒）である。サッカーボールは直径が0・22mなので、球まわりの空気の流れのレイノルズ数は1万4667Uと表される。

要するに、決まった大きさの球まわりの空気の流れのレイノルズ数は、速度（秒速）だけで表されるということだ。図3－1に、レイノルズ数と抵抗係数の関係を示す（両者ともに変化のダ

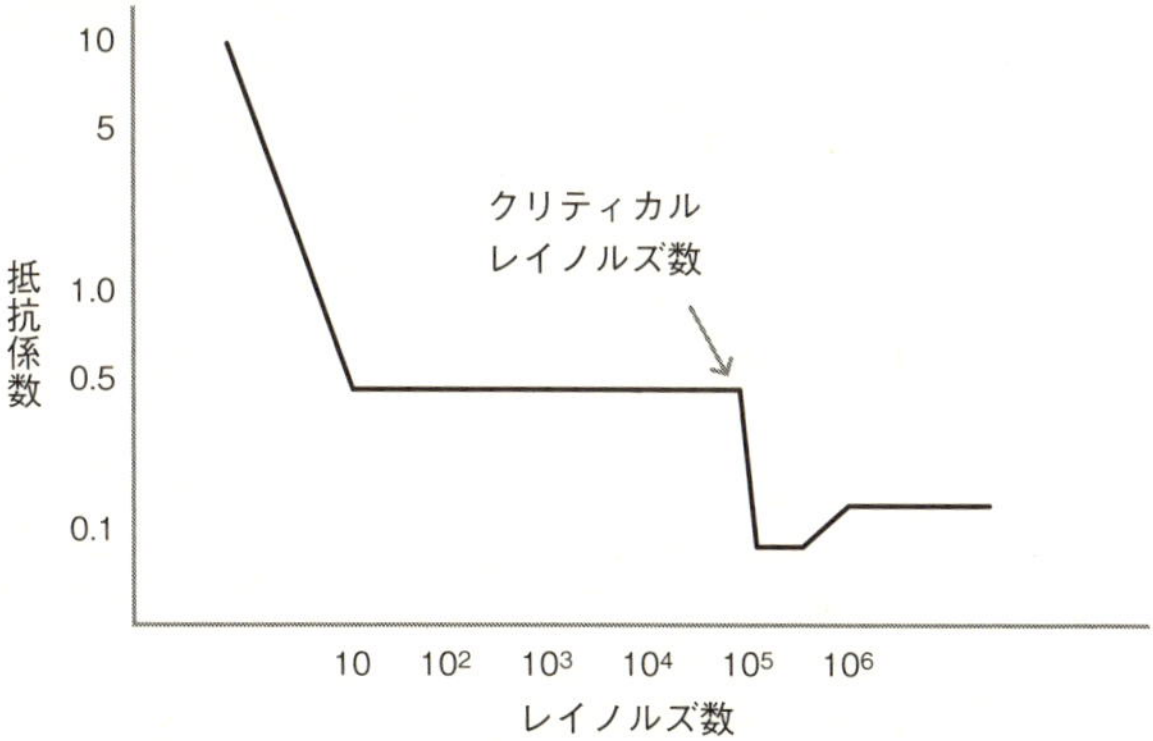

3－1　球まわりの空気の流れのレイノルズ数に対する抵抗係数の変化

イナミックレンジが大きいために、両軸とも対数表示にしてある)。

対数表示に慣れない読者もいるかもしれないが、ポイントは、ほぼ平坦に推移していくグラフが突然、切り立った崖のように真下に落ちる場所があることだ。これこそが、ブレ球を生む重要な現象なのである。

ボールを取り巻く空気の流れが激変する

少し細かく見ていこう。

レイノルズ数が10までは、抵抗係数はレイノルズ数に反比例する。すなわち、レイノルズ数が小さければ抵抗係数は大きく、反対にレイノルズ数が大きければ抵抗係数が小さくなるという関係だ。レイノルズ数がそれより大きくなって、10^5程度の値までは、抵抗係数はほぼ一定値の0・47を示す。ここが先ほどの「ほぼ平坦」な部分である。

このほぼ平坦な部分のレイノルズ数こそ、最もふつうに現れる範囲なので、サッカーボールの抵抗係数は0・47と考えていい。ただし、抵抗係数は一定でも、抵抗の値そのものは速度の2乗に比例して大きくなる点に注意が必要だ。

レイノルズ数がさらに大きくなると、抵抗係数が急激に小さくなるポイントが現れる。グラフが突如として、切り立った崖のように真下に落ちているところで、厳密には、レイノルズ数が1・1×10^5から6・7×10^5へと変化する区間だ。

このレイノルズ数を「クリティカルレイノルズ数」と呼ぶ。クリティカルとは、「ものの性質やふるまいが急激に変化する境界」を意味する物理学の言葉だ。

クリティカルレイノルズ数の範囲は、速度にすると7・5m／秒〜46m／秒（27km／時〜166km／時）である。この狭いクリティカルレイノルズ数の前後で、ボールの抵抗係数が0・47から0・2まで急速に変化するのだ。これが、切り立った崖のように真下にグラフが変化する理由であり、速度がわずかに異なるだけで抵抗係数が急激に半分以下に小さくなるのである。

抵抗係数が一挙に半分以下になる原因は、ボールの表面（壁面）に沿っていた空気の流れが、

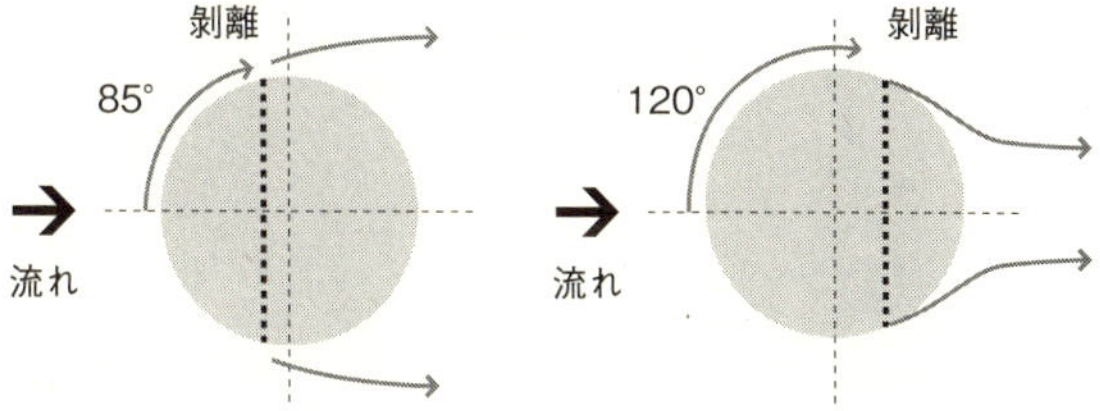

3－2　ボールから空気がはがれる位置が後方にズレる！

壁に沿わなくなってはがれていってしまう「剥離」の状況が変化するためである。ボールに限らず、物体の抵抗は前面と後面にかかる流体（この場合は空気）の圧力差によって生じる。空気がはがれる状況が変化することによって圧力差に変動が生まれることが、抵抗の変化に直結するわけだ。

図3－2に示すように、クリティカルレイノルズ数の近辺では、ボールから空気の流れがはがれる位置が、前方から測って約85度から、クリティカルレイノルズ数を境に約120度へと変化する。その結果、ボール後方に空気の流れが入り込み、疑似的な流線型のようになるために抵抗が減少するのだ。

この現象を有効に使っているのが、ゴルフボールだ。40ページの図1－11に示したように、表面に小さな凹み（ディンプル）をつけることによって流れを乱し、クリティカルレイノルズ数を小さくすることで、通常よりも空気のはがれる位置を後方にずらす役割をさせている。これにより、擬似的な流線型となったボールの抵抗が小さくなり、飛距離をより稼げるのである。

ディンプルと同様、ボールの表面状態を特徴づける縫い目や材質、回転数や回転方向といった要素の違いがクリティカルレイノルズ数を変化させ、ボールが受ける空気抵抗を大きくしたり小さくしたりする。ダルビッシュ有が多投することで有名になったツーシーム（ボールの回転方向に縫い目が2ヵ所しか出てこない速球）や、さまざまな回転をかけることで生まれる変化球も、同様の原理を応用したものだ。

クリティカルレイノルズ数を変化させる要素はきわめてたくさんあり、どのくらいの速度でボールを飛ばせば抵抗が劇的に変化するかを一概に予想することは難しい。

ブレ球はなぜ生じるのか？——ボールにしっぽが生える！

クリティカルレイノルズ数を超えて抵抗が小さくなる場合の、ボールの後ろ側の空気の流れには、非常に面白い現象が起こっている。まるでボールにしっぽが生えたように、流れ方向に伸び

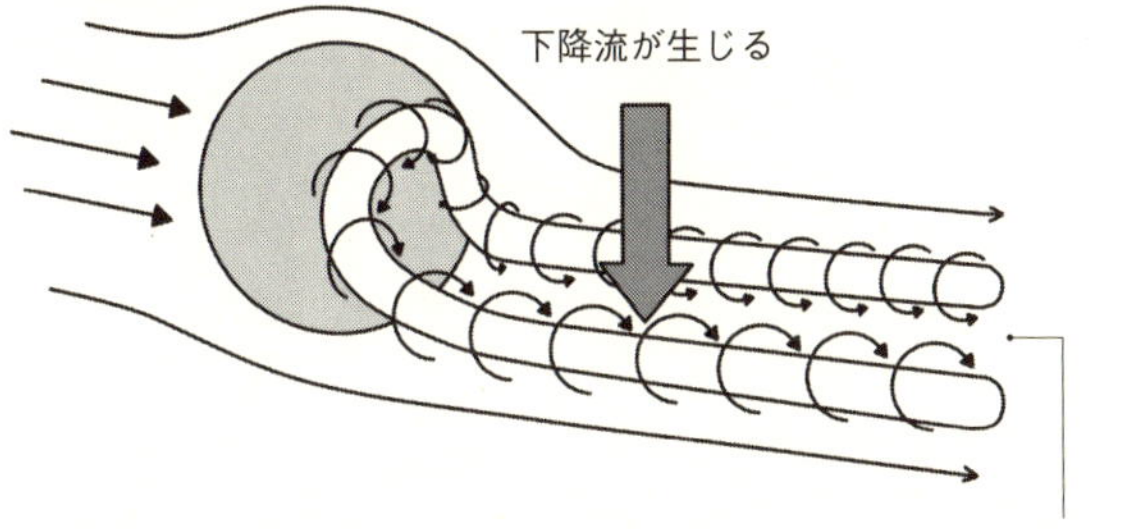

3－3　ボール後方の渦によって下向きの流れが生じ、空気の流線が曲げられる。その結果、ボールには上向きの力が作用する

た縦渦が、球の後ろ側にくっついているのだ（図3－3）。このようすは、女性の長い髪が風に吹かれて後ろ側になびいているときと同じである。

実験では、表面がツルリとした凹凸のないボールを使うため、この縦渦は固定されることなく、状況によって時々刻々と位置が変わり、振れ回る。ボールの揺れを生み出す根本現象だ。

「ブレ球」を実現するこの現象は、ボールが高速で飛び、なおかつ抵抗係数が小さいときに出現しやすくなる。本田の驚異的な無回転シュートが決まったワールドカップ南アフリカ大会では、まさにこの現象が生まれやすいボールが使用されていた。

「ジャブラニ」（開催国・南アフリカの公用語のひとつ、ズールー語で「祝杯」を意味する言葉）と呼ばれる公式球だ（写真3－4）。ジャブラニは、従来では

3－4　2010年ワールドカップの公式ボール「ジャブラニ」（アフロ）

最も少ない8枚のパネルで構成されており、表面の凹凸を極力、抑えてあった。まさに実験で用いる「ツルリ」とした表面の球に近いボールであり、ブレ球が出やすいものだったのだ。

では、この縦渦によって力が生じる理由は何だろうか？　実は、飛行機が空を飛べる原理と同じなのである。

図3－3に示したように、下流に伸びたチューブ状の渦によって、ボールの後方に下降流が生じている。その結果、ボールの上側の空気の流れが下方向に曲げられ、その反力でボールには上向きの力が作用する（飛行機では、同様の現象が翼に生じ、これが揚力になる）。この作用によって、ボールは軌道を変えるのだ。前述のように、この縦渦が安定せずにさまざまな方向にたえず振れ回ることで、力のかかる方向も上だけでなく下や左右、斜めへと変化し、ボールの軌道がブレることになる。

ボールを変幻自在に動かすものの正体

先ほど、「物体の抵抗は前面と後面の圧力差によって生じる」と紹介した。ブレ球の変化をより深く理解するために、この現象の詳細に分け入ってみよう。

速度と圧力の関係を理解するカギは、流体工学を学んだ者なら「これを知らないともぐり」と言われるほど重要な「ベルヌーイの式」だ。一般的にはエネルギー保存則を表しており、「流体の運動エネルギーと圧力による仕事、および位置エネルギーの和が一定である」という関係を示すものである。

ボールの大きさ程度の位置エネルギーの差を無視できるとすれば、ベルヌーイの式は「運動エネルギーと圧力だけの和」と考えることができる。たとえば、速度が増加して運動エネルギーが増すと、圧力が低下しないと両者の和を一定に保つことができない。逆に、速度が低下すれば圧力は増加するわけだ。

トレードオフとも言える両者の関係から、ボールの前面に近づく空気の流れはボールにぶつかる前に減速させられるため、前面では圧力が高くなる。これに対し、側面では加速されるので圧力は下がる。空気の流線に偏りができると、それに伴う圧力差が生じ、特定の方向に力が作用することになる。繰り返しになるが、この力がボールの軌道を変化させる。

本田はブレ球になりやすいシューズを履いていた！

ボールの回転は、どのように空気の流れに作用するのだろうか？

本田圭佑が放った無回転シュートは、実はごくわずかながら回転していた。その事実を突き止めたのは、本田と一緒にシューズ開発を行ったミズノの鳴尾丈司氏である。もともとはゴルフクラブのヘッドの開発に携わってきた鳴尾氏のひらめきと行動力が、無回転シュート用のシューズを生み出した。そう、世界中に衝撃を与えた本田のシュートが生まれた背景には、実はよりブレ球を生みやすいシューズの存在があったのだ。

鳴尾氏の発想は、「ボールの軌道が予測不能になる条件はなにか？」「どのように蹴れば、その運動を引き起こせるのか？」を突き詰めるところから生まれた。実験と開発を繰り返した結果、無回転シュートと呼ばれる現象が起こるのは、バックスピン方向にボールが１秒間で１・２回転するときであると見出したのである。

蹴り出し速度が１００km／時（28m／秒）だったとすると、ボールは１秒間で約30mの距離を飛ぶ。サッカーにおいて30mのフリーキックはかなりのロングレンジに入るので、この間に１・２回転しかしないというのは相当回転数の低いボールである。「無回転」と呼ばれる所以《ゆえん》だ。鳴尾氏の実験によれば、それ以上ボールに回転がかかると、ブレ球は発生しないという。

ブレ球とナックルボールの共通点

では、１秒間で１・２回というボールの回転は、周囲の空気の流れの速度にどのような影響を与えているのだろうか？

直径０・２２mのボール表面の回転速度vは０・７m／秒である。ボールの移動速度（28m／秒）に対して、回転の速度は２・５％だ。この速度変化が加わったとき、圧力はベルヌーイの式にしたがって速度の２乗の影響を受けるので、０・０６３％だけ変化する。これによって、ボールには２・４N＝０・２４kgfの力がかかる。これが、ボールの軌道を変える力となるはずである。

１秒間で壁面の移動が流体に伝わる距離は０・００３９mなので、ボールの表面から３・９㎜

の厚さまでの空気が、ボールの回転によって加速されていると考えられる。ボールの回転によって影響を受ける空気の流れは、実はボールの表面にごく近いところに限られるということだ。

それでもなお、表面近くのごく薄い空気の流れが、ボールに作用する圧力分布を変化させてしまうのである。この2・4Nの力が430gのボールに生じさせる加速度は、5・6m／秒^{2}だ（力＝質量×加速度であるから、2・4＝0・43aよりa＝5・6）。

つまり、蹴り出されたボールは、1秒後には力のかかった方向に、つまり進行方向に対して直角な不特定の方向に5・6m／秒の速度を得ているということだ。意外に大きな影響だ。無回転シュートで狙ったフリーキックが大きくゴールの枠を逸れていくシーンをよく見かけるのも、この加速度によるものである。

ボールの回転は、速度だけではなく、空気の流れに対する表面の凹凸パターンも変化させる。このため、流れの乱流化に影響し、結局は空気の流れの剥離に影響する。こうして図3－3に描かれた縦渦の位置がさまざまな方向に振れ回り、ボールは揺れるのだ。野球のナックルボールが予測不可能な多彩な変化を示すのも、実はまったく無回転であるためではなく、少し回転することで縫い目の位置を刻々と変え、空気の剥離状況を変化させているのである。

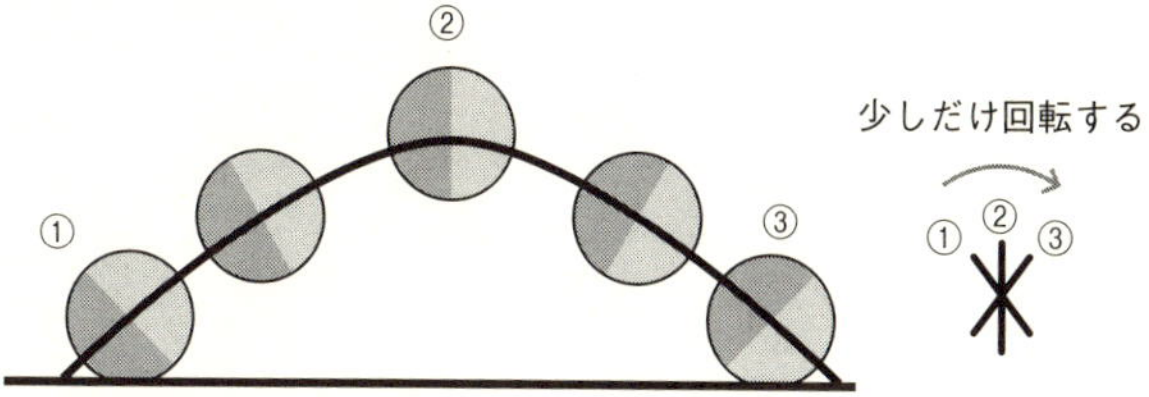

3－5　本当の無回転シュート

真の無回転シュートはブレない！

これに対し、約2倍の回転速度の場合には、ブレ球現象は生じない。同様に計算すると、9・6N＝0・98kgfであり、先ほどの4倍の力となることがわかる。バックスピンがかかっているため、ボールは浮き上がっていく。このときの力の原因は、野球のカーブなどでよく言われる「マグヌス効果」というものである。この回転速度になると、もはやボール表面の凹凸パターンの変化は流れから見て平均化されたものとなり、空気がはがれる剥離のパターンも一定のものになると考えられる。

また、逆に回転数が小さすぎる場合にも、ブレ球は生じないという。子どもたちがキックする際に、よくこの状況が生じる。

図3－5に示すように、ボールのある面がいつも進行方向に向いているように蹴ったとしよう。ボールの運動が放物線を描くものとする

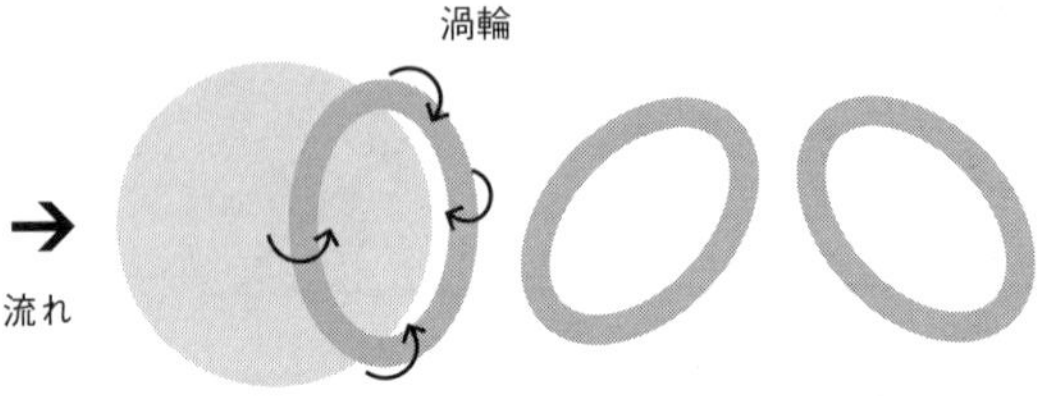

3－6　子どもが蹴った遅いボールにできる渦

と、ある角度で蹴られた方向に向いていた面が、最高点で水平を向き、落下する地点で蹴ったときの角度と同じ角度だけ下向きとなる。たとえば、30度上向きに蹴ったとすると、最後は下方向に30度を向くことになるので、ボールは前方スピン方向に合計60度回転することになる。

これが先のケースと同様、1秒間の出来事だとすると、1秒間に6分の1回転する速さである。表面における速度は0・12m／秒だが、運動方向の変化と同じ方向に回転するために、相対的に差が生じず、進む方向に対して直角方向の力は作用しない。蹴り出しの際に決まる剝離の状況を保つので、ボールの軌道にブレが生じない。つまり、本当の意味での無回転シュートは、不規則なブレ球を生まないことになる。

ちなみに、子どもが蹴るような速度の遅いボールでは、渦の出方が図3‐3とはずいぶん異なり、ほぼ軸対称の渦輪が発生する（図3‐6）。しかし、これは一定速度の風洞実験での結果であり、実際には、この渦輪が斜めに向いて抵抗の作用する方向が変化すると考えられる。これによっても、軌道が変わるブレ球となる可能性がある。

しかし、もしこのブレ球が実際に打たれたとしても、速度が遅いのでキーパーにキャッチされる可能性が高い。残念ながら〝魔球〟にはなり得ないだろう。

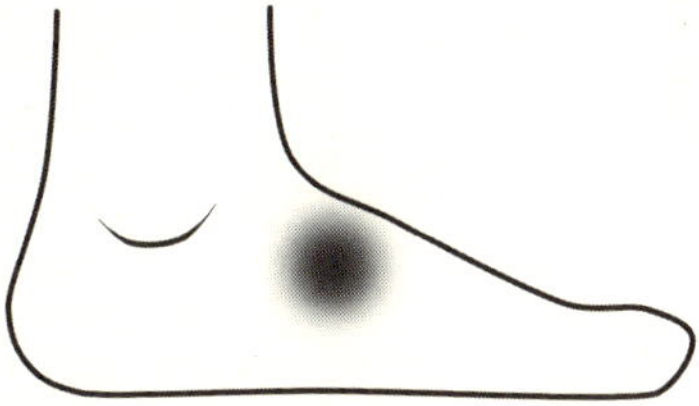

3－7　ブレ球シュートを打つ位置（鳴尾丈司、ブレ球用サッカースパイクの研究開発、フットボールの科学、vol.6、No.1、pp.9-15、2011）

ブレ球の蹴り方

どのようにキックすれば、憧れの魔球＝高速の「ブレ球」を打てるのか？

ブレ球を得意とする選手には、本田圭佑の他に、ポルトガルのクリスティアーノ・ロナウドなどがいる。鳴尾氏が彼らのキックの解析を行った結果、図３－７に示すように、足の甲の上部の、足首に近い内側の部分にボールが当たっていることを突き止めた。

カーブをかけるキックやインステップキックなどは足先の

内甲側で蹴るのに対し、ブレ球の場合は、くるぶしに近い部分にボールを乗せて、押し出すように蹴るのだという。鳴尾氏は、ゴルフクラブのアイアンのフェース部分を加工して摩擦を減らし、回転をかかりにくくした開発経験から、シューズのその部分に変形しやすい（貯蔵弾性率が低い）素材であるウレタン樹脂を貼りつけた。ボールとの接触時間を長くすることで、回転数を抑える効果を引き出したのである。

この結果、通常であれば回転数が1秒間で1・2回転を超えるような蹴り方をしても、回転数を低下させることができる優れもののシューズが誕生した。「蹴る」ではなく、「乗せて押し出す」意識でキックすることが、ブレ球という魔球を生む秘訣である。

シュートの決定率を上げる科学的戦略

オリンピックにおける球技はサッカーだけではない。だが、いずれの競技にも、ボールを打ってゴール（もしくは相手のコート）にシュート（スマッシュ、アタック）を決めるという共通項がある。攻撃側はできるだけ点を取れるようにシュートを放ち、守備側はいかにゴールに入れないように守るかということを競う。

この章を締め括るにあたって、球技で勝つために何をすればよいか、シュートの決定率を科学的に高める方法を種目ごとに見ておこう。

表3－8に示すように、種目によってボールの速さやゴールの大きさが大きく異なる。それぞれの守備範囲を見積もってみよう。

ボールがシュートされたのを見て、守るための行動に移すまでに0・2秒、キーパーがジャンプして目的の位置に到達する距離を0・5mとしよう。シュートする速度をVm／秒としたときに、到達地点までにかかる時間tは0・5／V秒だ。

守備範囲を人間の身長L＋腕の長さrに、先ほどのジャンプした0・5mを加えた長さを半径とする円（または半円）とする。ラケットをもつ場合には、その長さを半径にプラスする。

サッカーやハンドボールのキーパー、卓球などは、守備範囲が半円となる。水球も半円だが、水上に出ているのは上半身だけなので0・5Lを使う。バレーボールは円、テニスでは走る速さをVm／秒としたとき0・5秒間の移動距離を守備範囲に加味しよう。

守備範囲は、それらの長さの和を半径とする半円（もしくは円）の面積だ。表3－8には、身長を1・7m、腕の長さを0・6mとして求めたものをまとめた。

ゴール（もしくはコート）と守備範囲の関係を図3－9に示す。

競技名	ゴールの大きさ	守備範囲（一人の守備面積）㎡	守備範囲外の割合	ボールのコントロール方法	ボールの最大速度 m/s（km/h）	ボールの直径、重さなど	レイノルズ数
サッカー	高さ2.4m×幅7.32m	12	31%	足	25〜42（90〜150）	直径0.22m、外周68〜70cm、重さ410〜450g、（試合開始時）空気圧0.6〜1.1気圧	3.7×10^5〜6.2×10^5
バレーボール	9m×9mの相手コート、ネット高さ2.43m	25	0%	手	25（90）〜47（170）	直径0.21m、外周65〜67cm、重さ260〜280g	3.5×10^5〜6.6×10^5
バスケットボール	高さ3.05mの位置に直径0.45mのバスケット	―	0%	手	22（80）	直径0.24m、外周75〜78cm、重量600〜650g	3.5×10^5
テニス	8m×10.97mの相手コート、ネット高さ中央で914.3mm	15	0%	ラケット	61（220）	直径6.35〜6.67cm、重さ56.7〜58.5g	1.6×10^5〜2.6×10^5
ハンドボール	高さ2m×幅3m	12	0%	手	25（90）	直径0.19m、外周58〜60cm、重さ425〜475g	3.1×10^5
水球	高さ0.9m×幅3m	6	0%	手	20（72）	直径0.22m、外周68〜71cm、重量400〜450g	2.9×10^5
卓球	長さ2.74m×幅1.525mの長方形の相手コート、ネット高さ0.76m	8	0%	ラケット	31（110）	直径40mm、重さ2.7g	0.83×10^5

3－8　各球技ごとの諸データ

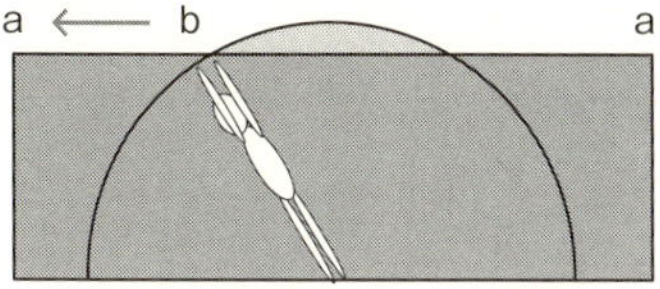

サッカー

テニス

バレーボール

卓球

3－9　守備範囲は円、または半円となる

サッカーではゴールの中心に立ったキーパーの守備範囲は、表3－8にも示したようにゴール前面面積の70％であり、残り30％は防ぎようがないスペースである。図3－9にaで示されたコーナーを狙えば必ず入りそうに見えるが、どの距離から、どのくらいの速さでシュートを放つかにかかってくる。

キーパーの手が届く限界であるb点が、コーナーのa点に重なるまで移動する距離は、中心から2・4mとなる。したがって、コーナーのa点を狙ってシュートしても、キーパーが横に2・4m走ってカバーしたとすれば、シュートは失敗ということになる。1秒でボールが到達するので、先

式13

$$t=\frac{2.4}{V}\leqq 0.8$$

述のようにボールがシュートされたのを見て行動に移すまでに0・2秒、2・4mを走る速度をVm／秒としたときにかかる時間tは、2・4／V秒である。

したがって、式13を満たす速度V＝3m／秒以上で動けば、このシュートは防げる。加速度で言えば、0・8秒間で3m／秒にするのだから3・75m／秒^2、体重（質量）70kgのキーパーであれば、それに要する力は263Nである（70×3・75）。

それほど大きな力ではないので、ほぼ防げることになる。ただし、キーパーはボールの軌道を見たうえで動くので、予想どおりであればこのように防げるが、コースを見極められなかった場合には、キーパーの予想が外れればゴール、外れなければノーゴールということになる。球技独自のギャンブル性がここに生まれ、ゲームを面白くする。

図3－9には、バレーボールのコートと守備範囲も示してある。この図を見るかぎり、アタックが相手コートに入ることはあり得ない。複数の選手の守備範囲が重なった部分は特に入りにくいことになるので、守備側が陣形を組むうえでどういう人員配置にするかはきわめて重要である。

この隙間のないコートにアタックを決めるには、守備側が行動に移す時間の遅れを狙うしかない。スパイクが時速170㎞だとすれば、秒速では47m／秒である。後方のコーナーを狙うとして、2・5mの高さから打って9m先の点を狙う、まさにピンポイントの攻撃が要求される。

ボールが飛ぶ距離は9・3mであるから、守備側に許される時間は0・2秒である。だが守備側が反応するのに必要な時間がちょうど0・2秒なので、守備者が動き始めた時点でボールはコーナーに入っている。ボールの速度が遅いと守られてしまうが、この計算に基づけばスパイクの速さは時速170㎞以上あればよいことになる。

もちろん、より近いところを狙うのであれば、もう少し遅くても大丈夫だ。守備陣をだます意味で、「こちらに打つぞ」と見せかけて他の場所に打つフェイント攻撃がきわめて重要となる競技であることが、このデータからよくわかる。

他の競技も同様に計算でき、スピードに関する問題の解決法と限界を求めることが可能である。だが、すべてが予測どおりに行ったのでは面白いゲームにならないので、シュートを打つときのフェイントでコースを予測させないことが重要な要素となる。

球技は、物理で予想できること以外の要素を取り入れる余地の大きい競技なのである。テニスボールや卓球の球の空力予測にあまり意味がないのはこの理由による。

ハンドボールやホッケーもバレーボールの解析結果に近く、特にゴールが小さいホッケーでは、ゴールの面積という観点からはすべてのシュートが完全に防げることになる。したがって、ゴールキーパーは太めの体格のほうが有利だが、駆け引きの要素によって、その有利さの度合いを下げられるところが球技の面白さだ。

その駆け引きに、クリティカルレイノルズ数における「予測不能性」という要素を加えたからこそ、ブレ球シュートは驚異的なのである。

PART

4

滑り勝つ
——超ハイテク競技の要はコース取りにあり！

「スピード命」の冬季五輪は空気抵抗を制した者が勝つ！

前章まで、夏のオリンピックの代表的競技について、工学屋の視点から分析してきた。より速く、より力強く、そして相手を出し抜く技術を向上させるべく、物理学の視点からオリンピックに勝つ術を模索してきた。

これから続く2つの章では、冬季オリンピックに焦点を当てる。すべての競技が雪、あるいは氷の上で行われる冬の祭典では、陸上や水中での競技以上に、空気抵抗をどう軽減するかが重要になる。空気抵抗が速度の2乗に比例して大きくなることは再三、述べてきたとおりだが、冬季オリンピックではすべての競技において、滑り＝スピードという要素が大きなウェイトを占めるからだ。

ちなみに、夏季五輪における陸上100mに相当する短距離種目の代表であるスピードスケートの男子500mでは、ジェレミー・ウォザースプーンによる34秒03という世界記録が存在する。ウサイン・ボルトの9秒58を単純に5倍した47秒90と比較すれば、氷上のレースがいかに速いかが実感できるだろう。

興味深いのは、氷との接地面における摩擦抵抗よりも、空気抵抗のほうが、スケーターに与える影響が10倍も大きいということだ。

読者のみなさんは、1998年の長野オリンピックで使われた「Mウェーブ」というリンクを覚えていらっしゃるだろうか？　清水宏保が日本人スケーターとして初めて500mで金メダルを獲得したこともあり、「高速リンク」として有名になった会場だ。

Mウェーブのリンクは、氷の結晶の中で最もよく滑る面だけを揃えて表面を高速化し、通常のリンクに比べて摩擦抵抗が20％も低いことで話題となった。実際、長野オリンピックでは当時の世界記録が5つも生まれている。

だが、先の世界記録34秒03は、2007年11月にソルトレイクシティで生まれたものだ。ソルトレイクシティは標高約1400mにあり、この程度の高地では気圧の低下により、空気抵抗が平地に比べて10％近くも低減すると言われているのである（空気の密度が地上の1・23kg／m^3から1・11kg／m^3に10％低くなるため）。

実際、Mウェーブでつくられた世界記録は、すべて後に更新され、いまはひとつも残っていない。驚くことに（物理学としては当然ながら！）、男女ともに、現在のスピードスケートの世界記録はすべて、ソルトレイクシティとカルガリー（標高約1100m）で生まれているのだ。

工学屋の出番！

冬のオリンピックで金メダルを獲得するために、まず何よりも、空気抵抗をいかに抑えるかがポイントになることがおわかりいただけただろう。その点で、全身を覆うウェアやヘルメット、パッドにスキー板やスケートシューズといったように、「道具」の多い冬の競技は、工学屋がその粋を集めて最高の「滑り」を演出してきた長い歴史がある。

各競技において、空気抵抗を減らすために施されている工夫を図4－1にまとめておこう。

スピードスケートでは、まるでドット模様のように見えるウェア表面に、実は小さな突起群がつけられている（図4－2右下）。その原理は、40ページで紹介したゴルフボールのディンプルと基本的には同じである。空気の流れが体の表面からはがれる位置をできるだけ後ろにもっていくことで、体の後ろに回り込む流れをつくる。これによって擬似的に流線型を実現し、選手の体の形状抵抗を下げるための工夫だ。

スピードスキーにおける独特な形状をしたヘルメットと、ふくらはぎを翼型断面にするためのパッドは、理想的な形状を工学的に設計して作製したものだ（図4－1写真左下）。夏の競技と

スピードスケート	時速60km、境界層剥離制御
スピードスキー	時速250km、流線形状採用による形状抵抗低減
ボブスレー	時速140km、流線型ボディ
スケルトン	時速140km、ヘルメット
リュージュ	時速120km、姿勢
ジャンプ	時速100km、助走での抵抗低減と飛行での抵抗増大の両方を制御
アルペン滑降	時速100km、部分的に流線型とする、ストックの形状
フリースタイルモーグル	時速40km、対策なし
スノーボードハーフパイプ	時速70km、対策なし

4－1　冬季五輪の各競技におけるスピードと空気抵抗低減の方法（左上から時計回りにアフロ、ロイター／アフロ、AP／アフロ、築田純／アフロスポーツ、アフロ）

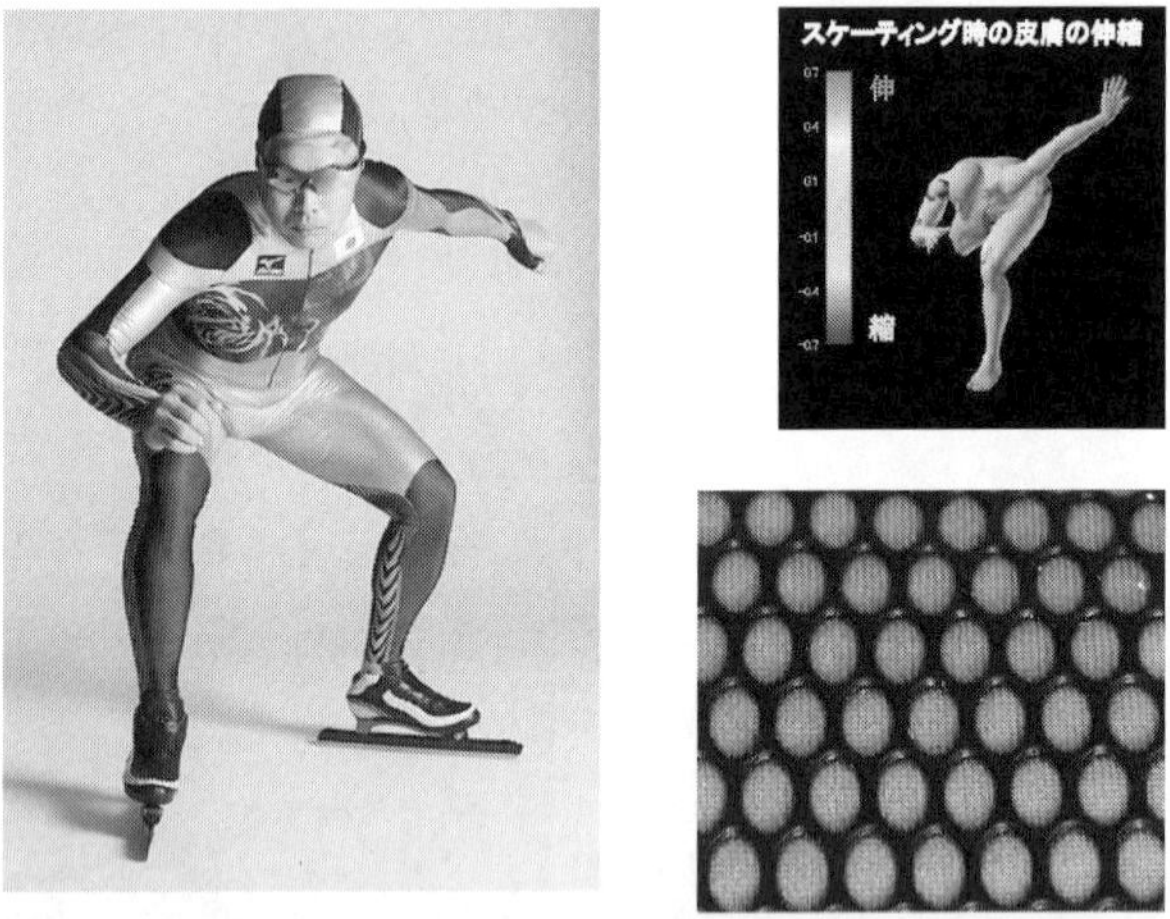

4－2　スピードスケートのウェア開発コンセプト。力強いスケーティング動作のサポートとスケーティング姿勢の保持、着用時の快適性、空気抵抗の約5％削減を目標とした（ミズノのwebサイトより引用）

は異なり、さまざまな装着物が許される冬季種目では、工学屋が直接活躍できる場がより広がっていると言えるだろう。

滑降のストックの形状やボブスレーにおけるボディデザインなども、空気抵抗を抑制するための工学的工夫である。

長野オリンピックのスピードスケート各種目では、オランダチームが脛《すね》にテープを貼って空気抵抗の低減を図ったことが話題になった。これもゴルフボールのディンプル同様、脛まわりの空気の流れを乱し、脛の表面から空気がはがれる位置を後方にずらすことで、円柱形状の脛にかかる空気抵抗を下げる試みであった。

式14

$$H = 0.05u^2$$

こうして、空気抵抗とのさまざまな闘いを繰り広げてきた冬のオリンピックと物理学だが、以下では、少し違った視点から競技力を高める工夫を考えてみたい。

モーグルやスノーボードで空中をより長く舞う方法

モーグルやエアリアル、スノーボードのハーフパイプなど、空中での演技が要求される種目では、余裕をもって演技を行うために、できるだけ高く飛び上がって滞空時間を長くする必要がある。どうすれば高く飛び上がることができるのか？

ポイントは、飛び上がるときの初速度をできるだけ速くすることだ。そのためのカギは、水平方向の運動から垂直方向への運動に変えるときのエネルギー変換をいかに効率的に行うかにある。運動エネルギーと位置エネルギーの保存関係（一方が減少すれば、他方がその分増加する）から、飛び上がれる高度Hと初期速度u m／秒には、式14に示す関係がある。

図4－3に示すように、ハーフパイプで高く飛び上がろうとすれば、u＝カーブに入る前の速度を大きくしておく必要がある。5mまで飛び上がりたければ、uは10・

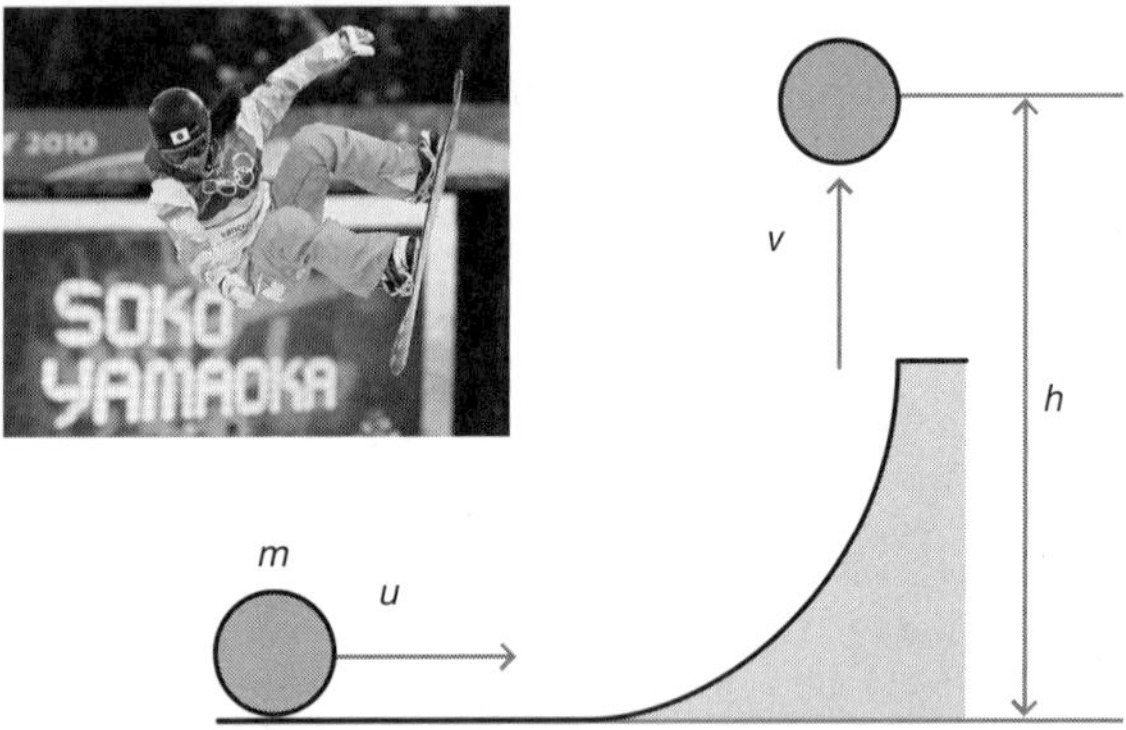

4－3　水平方向の運動を垂直方向の運動に変える（ロイター／アフロ）

0m／秒（＝36km／時）となり、相当な高速でカーブに入らないと到達できないことがわかる。

これだけ速度が上がると、空気抵抗Dは51Nもかかるので、減速が大きいことを意味している。スノーボーダーはよく、ダボダボのウェアを着ているので、体表面積が大きくなっていることと抵抗係数が大きいことから、実際にはこの試算よりもっと大きな空気抵抗を受けている可能性がある。

式14から、飛び上がる高さは質量には無関係で、カーブに入るときの速度だけに依存している。したがって、もっと高く飛び上がり、落ちてくるまでの時間を長くして演技をする余裕を確保するためには、入り込みの速度を上げるしかない。そのためにできることは、ここでも空気抵抗を下げる工夫を模索することなのである。

式15

$$\frac{a'}{a}=\frac{\frac{T}{D}-\frac{1}{2}}{\frac{T}{D}-1}$$

引き続き、モーグルやハーフパイプでの、位置エネルギーを運動エネルギーに変換する過程を分析していこう。

エネルギーの変換ロスを小さく抑えるために、空気抵抗と雪面の滑走抵抗を低減することを考える。スキーやボードのエッジを使って、雪面を蹴ることによってスピードを上げることも重要だが、先にも紹介したように、より影響力が大きいのは空気抵抗だ。空気抵抗を抑えることで、少しでも演技に余力を残せる道を模索しよう。

モーグルやハーフパイプにおける滑走の速度を60km/時と仮定する。そのときの空気抵抗係数を1・0、空気密度を1・2kg/m³、投影面積を0・85m²とすると、空気抵抗力は142Nと求められる。重さに換算すれば、14kgもの加重がかかっている状態に相当するので、この空気抵抗力はかなり大きい。

工夫して投影面積を狭くし、なおかつ空気抵抗係数を小さくして空気抵抗を半分にできたとして、加速度に与える効果を見てみよう。抵抗低減を工夫する前後の運動方程式の比をとると、加速度は式15のように表せる。分数が2段になっていて面倒くさそうな印象だが、実際には、単純に比をとっただけなので、面食ら

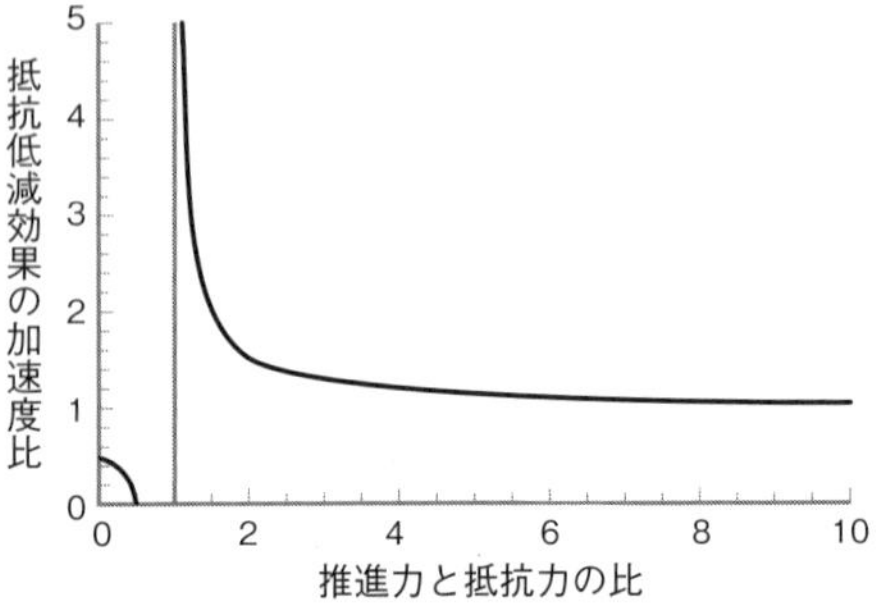

4－4　抵抗を下げる効果としての加速度比。横軸はもともとの推進力と抵抗力の比

わないでほしい。

ダッシュをつけた加速度a'が抵抗低減の結果を示している。Tは推進力、Dは空気抵抗力だ。縦軸に加速度の比を、横軸に推進力と空気抵抗力の比をとったものを図4－4に示す。

もともと抵抗が小さかった場合、つまり推進力と空気抵抗力の比が2より大きかった場合には、加速度の比は1に限りなく近づくので、抵抗をいくらか小さくできたとしても、その効果は限定される。一方、推進力と空気抵抗力が接近していた場合、すなわち、推進力と空気抵抗力の比が1と2の間にあるような場合には、抵抗を下げる効果は大きい。

たとえば、推進力と空気抵抗力の比が1・5だった場合、加速度の比は2であり、加速度が2倍となる。すなわち、同じ経過時間で速度はもとの倍になるというわけだ。

1000分の1秒差は2・78cm！

抵抗を下げるための工夫をやり抜いたうえで、さらに時間短縮を狙うためにどんなことができるのか？

たとえばリュージュでは、スパイクつきの手袋で氷をひっかいて、またボブスレーでは全速力で走りながら車体を押すことで、初速を上げることを目指している。これらはもちろん重要な要素であるが、100分の1秒あるいは1000分の1秒といったごくわずかなタイムの差を競う中で、きわめて重要な要素が残されている。

「コース取り」だ。たとえば時速100kmの場合、100分の1秒差を距離に換算すると278mm、つまり27・8cmの差である。1000分の1秒にいたっては27・8mmであるから、2・78cmの差にすぎない。

つまり、コース取りを間違えて、2・78cm余分に滑っただけで、1000分の1秒の遅れが生じるということである。球技のところでも見たように、人間の反応速度は0・2秒程度と言われている。コース取りの判断に0・2秒かけてしまうと、その間になんと5560mm＝5・56 mも移動してしまうのだ。

実際のレース中の体感では、「カーブがあるぞ！」と思ってから曲がろうとしても、あっという間に通り過ぎてしまうだろう。これでは走行コースがムダに膨らんで、余分な距離を滑ることになる。

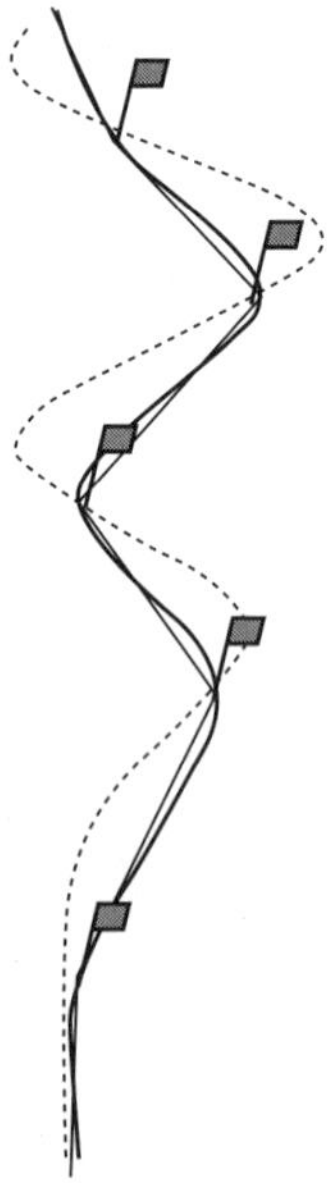

4－5　ダウンヒルにおける旗門の位置と最短のコース取り

それでは、ダウンヒルレースにおける最短コースとは、どのようなものなのか？

答えは簡単だ。図4－5に示すように、旗門を直線で結んだコースである。

2つ先の旗門を見よ！――直線に最も近い曲線美

滑るコースをいかに直線に近づけるか？

言うは易く行うは難し。最も難しいのは、旗門における回転である。すなわち、旗門を回るときの方向をいかに決めるか、が課題となる。通常であれば、次の旗門を回りやすくするために、

図4－5に破線で示すようなふくらみ気味のコースを選択するだろう。次の旗門を目標とした方向決めにおいて、最もスムーズな入りとなる。しかし、この滑りでは、図からわかるように旗門をつないだ直線から大きく逸《そ》れることになる。

もっとロスの少ないコース取りは存在しないのか？

意外なヒントを与えてくれるのが、雲形定規だ。かつては設計図面を引くために必須だった道具で、図画・工作や数学の時間に使ったことのある方も多いだろう。その雲形定規がどんな役に立つのか？

与えられた点を自然に結ぶ方法として、「スプライン曲線」というものがある。この曲線の特徴は、通過する点における曲線の接線方向がその地点の前後の点を結んだ方向であることだ。図中に実線で表したように、点と点を結ぶ曲線は3次曲線である。

この曲線こそ、目標とする直線に近く、なおかつ自然な曲線となっている。このスプライン曲線を描くために用いられるのが、雲形定規なのである。

現在では、コンピュータで図を描くときに用意されている自由曲線で、通過したい点をクリックしていくことで自然に描けるようになっている。

コース取りの話に戻ろう。

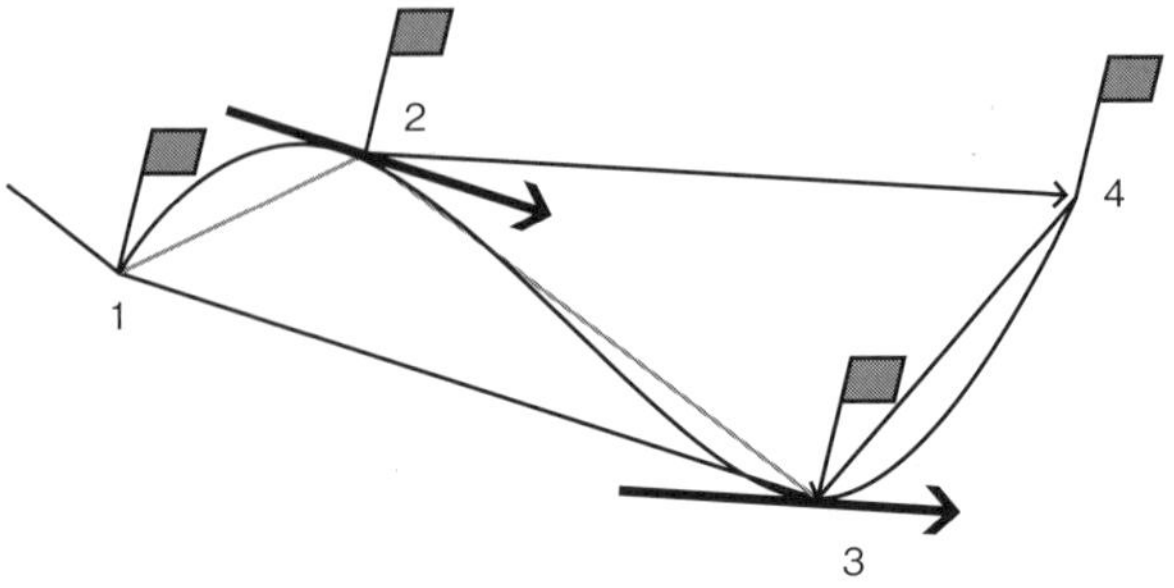

4－6　最も直線に近い曲線コースを描け！

図4－6に示すように、スプライン曲線をイメージしながら旗門1を回っているとき、次に通過する旗門2を回る曲線の接線方向は、いま通過している旗門1と、2つ先の旗門3をつなぐ方向とするのである。

続いて、旗門2を回っているときには、旗門3を回る方向を決めるために、いま回っている旗門2から旗門4を見て、方向を決めるのである。2つ先の旗門の位置を意識することで、よりロスの少ないコース取りをすることが可能になるのだ。

カーブのふくらみを抑える効果は？

理想はあくまでも直線上を滑ることだが、直線と直線が交差する点は数学的にはなめらかではなく、その点においてベクトルの方向を定義できない。簡単に言えば、どの方向に曲がればよいかを決められないのだ。

スプライン曲線ならば、すべての点を通り、かつなめらかで、旗門におけるベクトルはその旗門の前後の旗門を結んだ方向と決めることができる。

実は、自動車でのコース取りにおいても、同様なことが行われている。車を運転するに際して、ドライバーは「現在の姿勢のまま進んだ場合の目標コースからのズレ」を検知して、情報をフィードバックしながらハンドルを切っているというのである。

だが、アルペンスキーのコースには目標となる旗門があるが、道路上で人は何を目印にしているのか？　どのくらい先を見て、コースを修正すればよいのか？

興味深いことに、コースからの変位だけではなく、自分がどの方向を向いているか（ヨー角という）も考慮して、車速20m／秒くらいで前方20mの点を見ているという結果がある（安部正人『自動車の運動と制御 第二版』東京電機大学出版局、2012年）。

近すぎても遠すぎてもコースからの逸れが大きくなる。秒速で表したときに1秒間で進む距離だけ前方を見るというのがよいようだ。

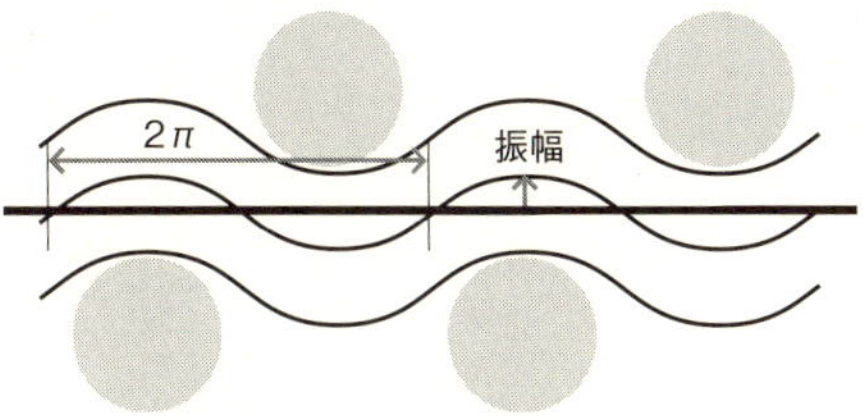

4－7　曲線コースと直線コースの距離の違い

曲がりくねったコースを直線で滑ることができれば、どのくらい距離を縮めることが可能になるのだろうか？

図4－7に示すように、振幅1の正弦曲線をたどって滑るとすると、1周期（2π）の線の長さは7・64になる。直線で行けば2πであり、6・28という長さとなる。直線を進むことで、約18％の距離を短縮できるというわけだ。

振幅を先の半分の0・5にすると、長さは6・65となり、振幅1の場合に比べて13％短くできる。カーブの振幅をできるだけ小さく抑えることが、全体の距離を短くするのに有効であることを明確に示す証拠だ。

繰り返し主張しているように、100分の1秒、1000分の1秒を縮めるには、なるべく直線に近づくようにコース取りすることがきわめて重要なのである。

235kgの重さに耐えてカーブを曲がり切れ！

最後に、できるだけロスなく、コンパクトにカーブを切るために、何ができるかを考えてみよう。キーポイントは、体をどのくらい傾ければよいか、ということである。

図4－8に示すように、質量 m kgの選手には、回転半径 r のカーブを角速度 ω（＝v／r）で回るときに、回転の外側方向に遠心力が作用する。その大きさは、質量と速度の2乗に比例し、回転半径に反比例する。

コースをふくらませないためには、この遠心力に釣り合うように体を傾ける必要がある。だが、バイクレースなどでよく見られるように、傾けすぎるとそのまま内側に転倒してしまうので、最適な角度を知っておく必要がある。

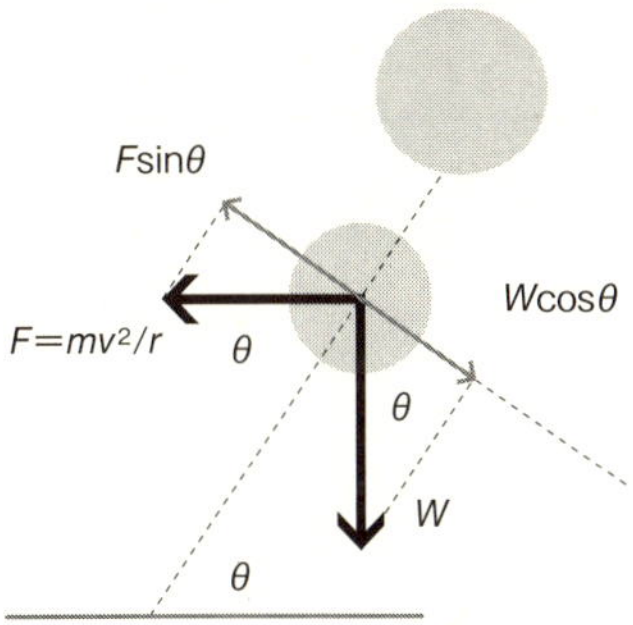

4－8　カーブするときにかかる遠心力との釣り合いをとるために体をθ傾ける

その最適角度は、式16で表される。すなわち、体を傾ける角度 θ は、体重と遠心力の比によって決まる。回転速度が速くて大きな遠心力がかかるときには、体を大きく傾ける必要があることがわかる。

具体的に求めてみよう。いま回転半径 r＝25m、速度 v＝28m／秒（100km／時）で質量 m＝70kgの選手が回転するときに作用する遠心力 F は2195Nである。したがって、体の傾斜角度は17度と求められる。時速100kmで回転しようとすると、体

式16

$$\tan\theta = \frac{W}{F}$$

式17

$$R = \sqrt{F^2 + W^2}$$

を相当傾けないと、曲がれないことになる。

なお、回転の外側の足にかかる力Rは式17で表されるから、2300Nと求められ、重さに換算すると、235kgにもなる。

最高のコース取りを実践してカーブをロスなく曲がるには、強靱な足腰を鍛えることが必要不可欠だ。

PART 5

K点超えを目指せ!
——スキージャンプのマジックナンバー「36」

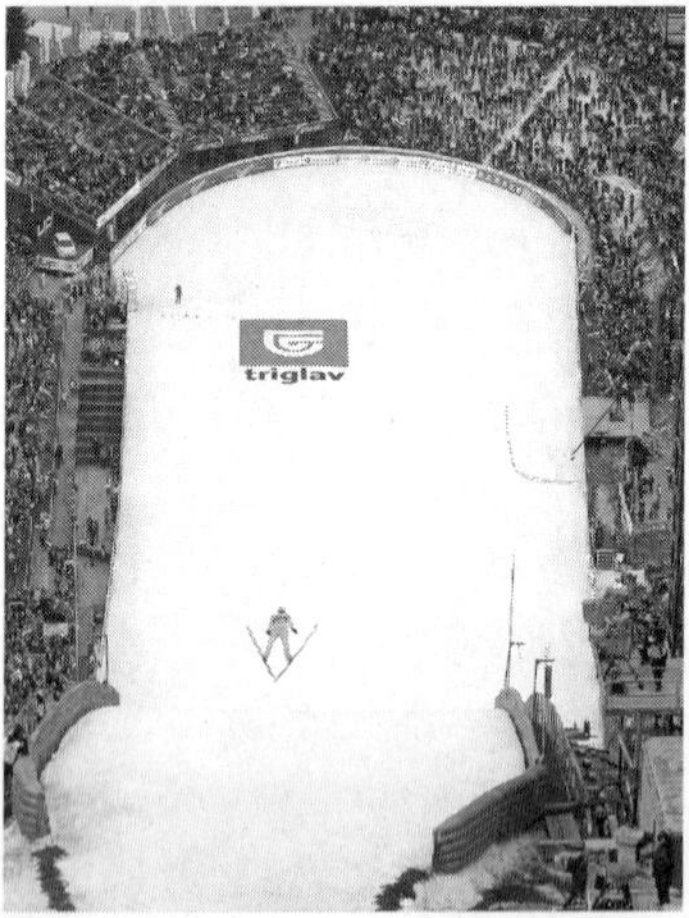

5-1　雪面の「白い壁」に激突していくかのように「落下していく」スキージャンプ（アフロ）

「飛ぶ」ではなく「落ちる」

「まるで白い壁が迫ってくるよう」――冬季オリンピックの花形競技のひとつ、スキージャンプの選手の眼には、ジャンプ台から飛び出たあとの景色がこう映っているという。

この表現は、物理学的にもきわめて正しい感覚だ。「ジャンプ」という競技名から、あたかも空を飛ぶようにイメージしがちだが、実際のジャンパーたちは、着地点である雪面に向かって、時々刻々と落下しているのだから（写真5-1）。

1972年の札幌オリンピックで笠谷《かさや》幸生《ゆきお》が、1998年の長野オリンピックでは船木和喜《かずよし》が個人種目で金メダルを獲得、長野では、船木をはじめ原田雅彦らがチームを組んだ団体でも世界一に輝き、「日の丸飛行隊」は日本で最も愛されるスポーツフィギュアのひとつとなっている。

スキージャンプは、急角度をつけられた斜面を滑り降りて助走をつけ、「カンテ」と呼ばれる踏み切り台から空中に飛び出し、「ランディングバーン」と呼ばれる滑走路に着地するまでの飛距離と飛行姿勢の美しさを競うスポーツだ。ジャンプ台には、飛距離の基準点として「K点」と呼ばれるラインが引かれており、K点に到達したジャンプに対しては60点が与えられる。K点に満たないジャンプは減点され、K点を超えた大飛躍には加点される。

ジャンプ台には、K点が90mの地点に引かれた「ノーマルヒル」と、120mに引かれた「ラージヒル」があり、K点を超えたか否かで増減される得点は、ノーマルヒルで2点／m、ラージヒルでは1・8点／mとなっている。

スキージャンプに勝つには、是が非でも「K点超え」を目指す必要があるのだ。最終章では、「飛距離を伸ばす力学」について考えていく。

ジャンパーに揚力は働かない！

空中にいるときのジャンパーには、いったいどのような力が作用しているのだろうか？

図5-2に示すように、ジャンパーには重力と抵抗力が重心に作用しているものとする。競技

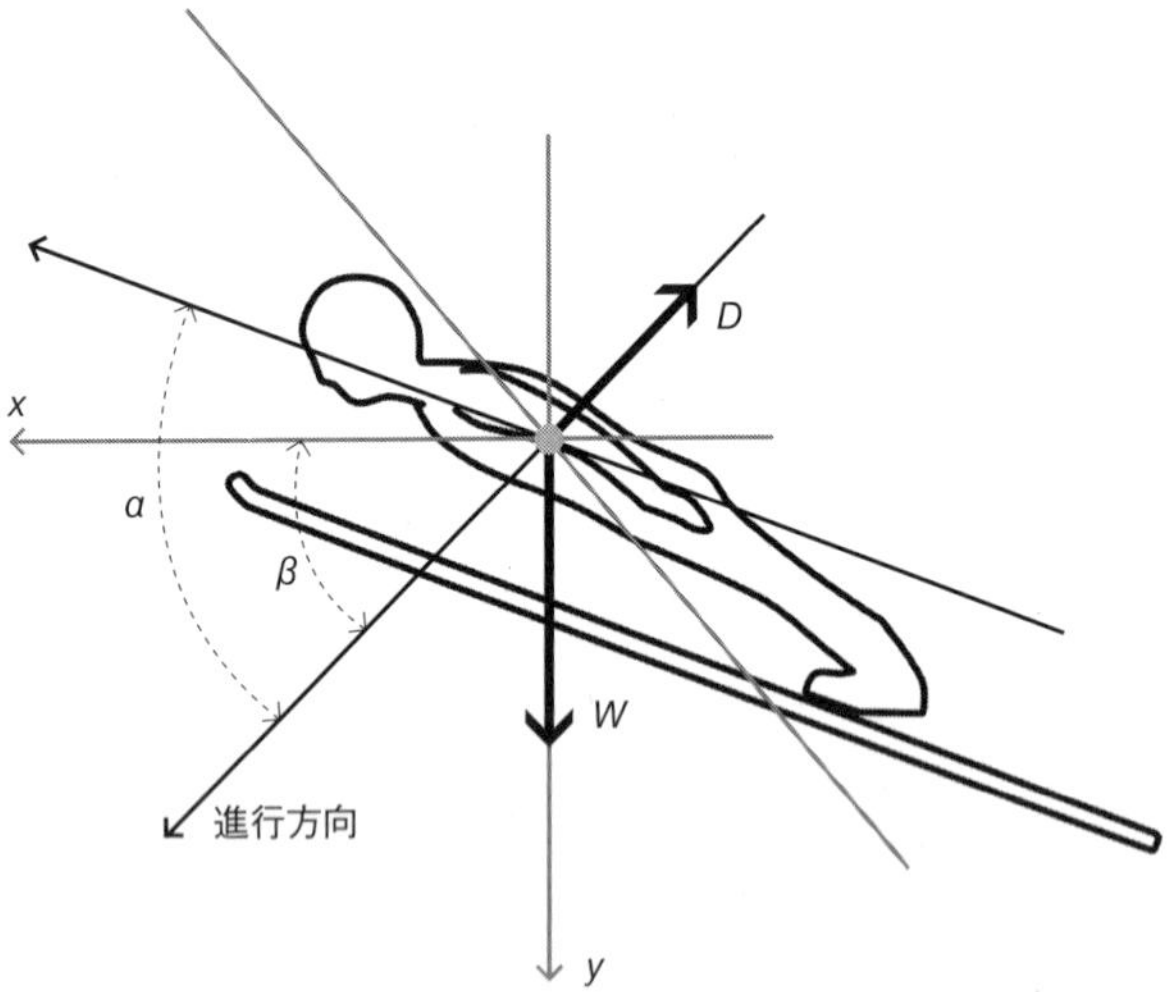

5－2　飛行時のジャンパーに作用する力

中の解説などではよく、「揚力をうまくとらえて飛ぶ」などと表現されることがあるが、流体力学的に〝鈍い〟と称される「流線型ではない物体」には、抵抗力だけが作用している。つまり、揚力を利用することはできない。

　鉛直下向きを正とした方向にy軸をとり、紙面の左側を正とした水平方向にx軸をとる。このx軸に対してジャンパーの進行方向の傾き角をβとし、進行方向に対する体の傾きをαとする。このときのαを、航空工学では「迎角」（むかえかく・げいかく）と呼ぶ。進行方向とは逆向きにかかる力を抵抗Dで表す。鉛直下向きには重力Wが作用している。

式18

$$u=\frac{1}{\dfrac{k_x}{m}t+\dfrac{1}{u_0}}$$

$$v=\sqrt{\frac{mg}{k_y}}\tanh\left(\sqrt{\frac{k_y g}{m}}\,t\right)$$

工学屋が、このような条件下で運動を理解する際には、この図を元に、x方向（水平方向）と、y方向（鉛直方向）のそれぞれに運動方程式をたて、それらを連立させて解くことを試みる。すなわち、それぞれの方向の速度を求めるのだ。x、y両方向の速度成分をそれぞれu、vで表すと式18のようになる。

数式に慣れていない人には訳のわからない組み合わせに違いないが、これが求められると工学屋は「運動がわかった！」と口にするのである。われわれ工学屋がこれを見てニヤニヤしている姿を想像していただき、「かわいいものだね」と思っていただければ幸いである。

理想的ジャンプを上回る軌跡

さて、この式中には、x方向速度の初速度（踏み切り地点であるカンテから飛び出すときの速度）をu_0で示してある。同様に、y方向速度の初速度v_0も定義できるが、ほぼ0なので省略してある。

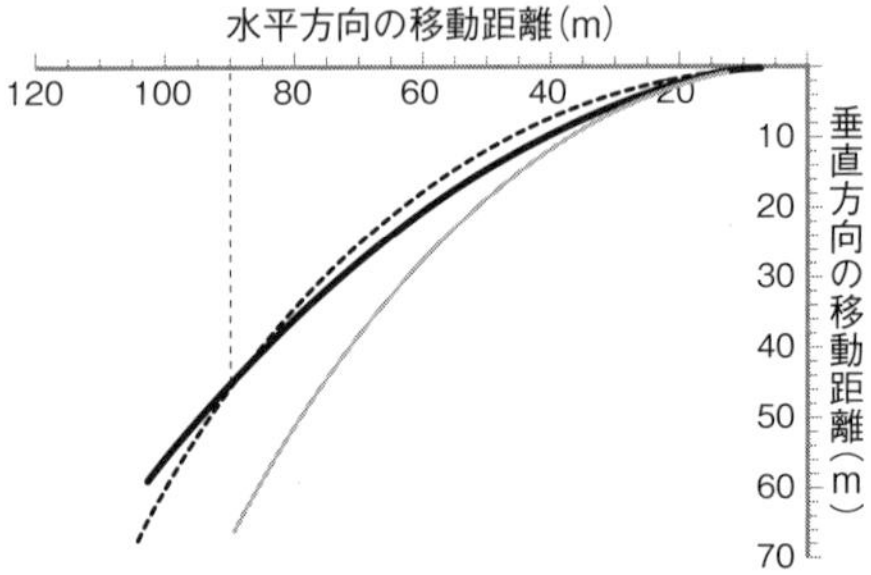

5－3　踏み切りから4秒間のジャンパーの軌跡。水平方向の抵抗係数の違いによって、飛行経路が変わる

横軸にx方向の移動距離、縦軸にy方向の移動距離をとって、$t=0$から4秒間の軌跡を描いたものを図5－3に示す。線の違いはx軸方向（水平方向）の抵抗係数の違いを反映したものだ。グレーの細線で表した軌跡は抵抗が大きい場合のもので、飛行距離は伸びない。これに対し、破線は水平方向にある初速度をもって投げ出された物体に抵抗が働かないときの軌跡で、どの物理の教科書にも書いてある「放物線」である。このときの運動を「自由落下」と言う。

ジャンパーの体に何の抵抗も働かないときには、そのジャンプは文字どおり自由落下となり、破線のような軌跡を描くはずである。何の抵抗も働かず、物理学の法則に正確にしたがった「理想的飛行」ということになる。

しかし、この図中には、理想的飛行とは別に、とても気になる1本の軌跡が描かれている。自由落下を示す破線よりやや下側を飛行しつつ、x方向に90mほど行ったあたりで破線と交差し、

式19

$$k_x = C_{Dx}\frac{1}{2}\rho A\sin(\alpha - \beta)$$

その後、この線より上側を飛行する太線で表した軌跡だ。

驚くことに、理想的と考えられるジャンプより、飛距離が伸びている！　このラインを描くジャンプの秘密は、x方向の抵抗係数が小さくなるようにしてあることだ。水平方向の抵抗係数を減らすにはどうすればいいのか？　改めて詳しく見直してみよう。

船木と原田のジャンプの違い

水平方向の抵抗係数は、式19のように表される。人間の体型は、細部は別にしてもおおよそ同じと見なせるので、形状に基づく形状抵抗係数（C_{Dx}）は誰でも変わらない。また、空気の密度ρは一定であるとする。

これらのことから、ジャンパーにかかる水平方向の抵抗係数（k_x）を小さくするには、2つの方法があることがわかる。①人間の投影面積（A）を小さくする、②水平面から測ったジャンパーの体の傾き角度（$\alpha-\beta$）を小さくする、である。つまり、体は薄いほうが有利だし、水平面から測った体の傾き角度が小さいほうがよいのだか

5－4　長野オリンピックでラージヒルを飛ぶ船木（上）と原田（下）。船木は低く遠くへ、原田は理想的な放物線を描いてジャンプした（アフロスポーツ）

ら、理想的な飛行姿勢は体を水平にすること、すなわち$\alpha-\beta=0$とすることである。

実際には、図5－3からわかるように、飛行方向であるβは時々刻々大きくなっていく。したがって、体を水平に保つためには、迎角であるαをβに合わせて大きくしていくことが重要となる。ランディングバーンの角度がK点までは徐々に急となってくるので、選手にとっては、進行方向に対して徐々に体を起こしていくことになる。競技を観ている側からすると、少しずつ体を起こしていくジャンパーは姿勢を保ったまま水平に飛んでいるように見える。

体を水平に保ちながら飛んでいると、先にも示したように、90mあたりから先は放物線より上側を飛ぶことになる。このようなジャンプではおそらく、感覚的にはジャンパーの体が浮き上がっているように見えるはずだ。

長野オリンピックで個人・団体ともに金メダルを獲得した船木和喜の飛び方が、まさにこのようなジャンプだった（写真5－4上）。低い曲線を描いて、遠くへ飛ぶと絶賛されたものである。

これに対し、高く飛んで理想的な放物線を描くと言われたのが、原田雅彦のジャンプだった（写真5－4下）。図5－3の破線に対応したものだ。

プロローグでも紹介した高梨沙羅のジャンプは、船木の軌道に近い。身長151cmと小柄な彼女が、2012年に行われた第1回ユースオリンピックで金メダルを獲得し、その後も全日本選手権やワールドカップで優勝を重ねているのも、カンテを飛び立ってから瞬く間に飛行姿勢を水平に保ち、低い曲線を描きながら遠く飛ぶ技術を身につけているからだろう。

体を浮き上がらせる「魔力」を味方につけよう

体を水平に保ち続けることで、ジャンパーはもうひとつのメリットも享受できる。「体を浮き上がらせる力」を得ることができるのだ。自然の理に反するように聞こえるかもしれないが、これこそが「抵抗を制してオリンピックに勝つ」物理学の真骨頂だ。

可能なかぎり体を水平に保つということは、図5-2におけるαとβの差をゼロに近づけていくことを意味している。そして、完全に水平となった$\alpha-\beta=0$のときに、垂直方向の抵抗係数は最大となる。すなわち、上向きの抵抗が最も大きくなることで、ジャンパーは「落ちにくくなる」のである。スカイダイバーが下降速度を落とす際に、体を水平にして両手両足を広げていることを思い描けば、理解しやすくなるだろう。

落ちにくくなった分、ジャンパーはより長く、水平方向に移動できる。本章の冒頭で、スキージャンプは「飛ぶ」のではなく「落ちている」のだと解説した。この競技に勝つには、なるべく落ちないようにして、水平方向の初速度を保ち、より長く水平移動する時間を確保することが重要なのだ。

鳥のように翼をもたない人間には、決して揚力を得ることはできない。あくまでも雪面に向かって「落ちている」ことをきちんと理解して、できるだけゆっくり落ちるための物理をきわめることこそ、金メダルへの最短距離なのである。

飛距離を15m伸ばす秘策

それでは、飛距離をより伸ばすために、最も重要な要素は何なのか？　ジャンプ競技における物理的な要素を一つひとつチェックしてみよう。

スキージャンプにおける飛距離（d）とは、カンテ（踏み切り台）から着地地点（片足を前に出して着地するテレマーク姿勢の場合は両足の中間点）までの距離を指す。水平方向の移動距離に関わる要素は「ジャンパーの体重（質量）」「水平方向の抵抗係数」、カンテから飛び出した際の「初速度」、垂直方向の移動距離に関わる要素は「ジャンパーの体重」「垂直方向の抵抗係数」である。

これら各要素が変化した場合に、飛距離にどのように影響するかを表5－5～5－7に示す。助走路で稼ぐ初速度の影響を表5－5に、体重の影響を表5－6に、水平方向の抵抗係数の影響を表5－7に示した。計算条件は体重m＝60kg、初速度u_0＝30m／秒、水平方向の抵抗係数k_x＝0・003（$\alpha-\beta$＝20度）を基準として、それらから他のいくつかの値に変化させている。

表5－7中の「自由落下」は、空気抵抗を無視して水平方向に初速度30m／秒で打ち出した物

初速度 m/s	飛距離 m
30	121.052
30.25	121.674
30.50	122.297
30.75	122.919

5－5 初速度の影響

体重 kg	飛距離 m
40	118.679
60	121.052
80	122.538
100	123.556

5－6 体重の影響

水平方向の抵抗係数（$\alpha-\beta$）	飛距離 m
自由落下（u_0＝30m/s）	143.341
0.0000（0°）	135.888
0.0015（10°）	127.520
0.0030（20°）	121.052
0.0060（40°）	112.156
0.0120（—）	105.742
0.0300（—）	92.077

5－7 抵抗係数の影響

体の放物運動を表したものだ。高校物理の教科書に出てくる「理想状態」と呼ばれるもので、いわばお手本の飛行経路を飛んだときの飛距離を計算したものである。$\alpha-\beta=0$のときと逆転現象が起こっていないのは、空気抵抗を考慮に入れていないためだ。

初速度の影響に関してみると、0・25m／秒の違いは飛距離で約0・6mの違いである。体重に関しては、20kgの違いは約1～2・4mの差を生む。

注目すべきは、水平方向の抵抗係数だ。この値が、基準値である0・003から2倍の0・006になると、実に10mの飛距離の違いを生む。体の傾き角度にして20度から40度への、20度の違いである。水平の0度にすることができれば、20度のときに比べて、15mも飛距離が伸びる。

体の傾き角度を可能なかぎり水平に保つことが、いかに重要であるかを如実に表すデータだ。

初速度を上げる3つの方法

踏み切り台からいったん飛び立って以降は「落ちる」一方のスキージャンプでは、空中で水平方向に加速することは不可能だ。したがって、カンテを飛び立つ瞬間の初速度をいかに高めるかが、きわめて重要になる。初速度を0・25m／秒上げるごとに0・6mの飛距離が伸びるのだ

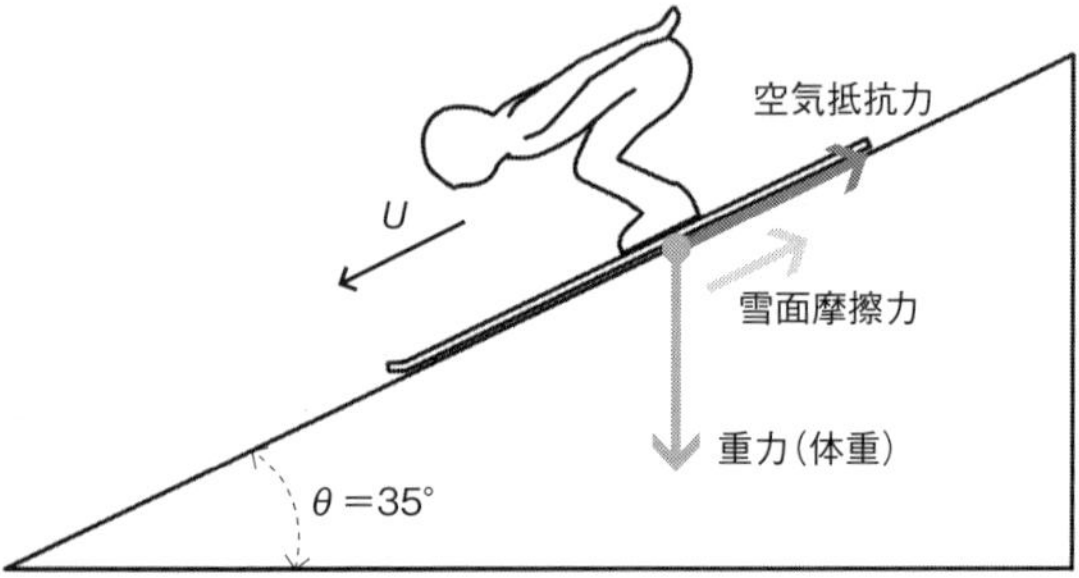

5－8　助走時のジャンパーに作用する力

から、トレーニングのしがいもあるというものだ。

では、初速度を決めている要素とは何なのか？

飛び出し時の初速度を求めるために、図5－8に示すような斜面を滑り降りるときのジャンパーに作用する力について考えてみよう。斜面の角度が重要な要素になるが、ここでは、1972年の札幌オリンピックで90m級ジャンプ（現在のラージヒル）の舞台となった「大倉山シャンツェ」の助走路の傾き35度を使う。

ジャンパーの体重、空気抵抗、雪面とスキー板の摩擦抵抗から、滑走速度Uを求める運動方程式を解くと式20に示す解が得られる。これまた複雑怪奇な形をしてはいるが、「工学屋はこういう式が好きなんでしょ」と受け流していただければ十分である。

要点は、助走開始から時間が経ったときのトップスピードにとって、どんな要素がいちばん効いているのかを読み取る

式20

$$U=\sqrt{\frac{m(\sin\theta-\mu\cos\theta)g}{k}}\tanh\left(\sqrt{\frac{k_g}{m(\sin\theta-\mu\cos\theta)}}\,t\right)$$

ことにある。

式20からわかるのは、時間が経過したときの速度Uを速くするために、3つの方法があることだ。①雪面とスキー板の摩擦係数（μ）を小さくする、②体重（質量m）を重くする、③空気抵抗係数（k）を小さくする、である。

①の雪面とスキー板との摩擦係数（μ）は、0・05程度である。摩擦係数は、金属どうしでは0・4、グリースや潤滑油などを使うと0・1程度の大きさであり、氷と氷では0・03となっている。雪面とスキー板の間の摩擦係数は、他のものに比べるとかなり小さいということだ。ちなみに、丸みを帯びた転がるものでは、さらに1桁から2桁小さな値となる。

②の体重は、重いほうが初速を稼ぐ点では有利である。速度比は体重比の平方根に相当するので、たとえば60kgの体重に比べて70kgの人は1・08倍速くなる。30m／秒だった初速が32・4m／秒になることに相当し、初速が0・25m／秒増すごとに飛距離が0・6m伸びるので、5・76mの記録更新となる。かなりの効果だ。

体重が20kg変わるごとに、飛び出しの初速度と飛距離にどのように影響するのかを表５－９に示す。

体重が40kgの人と１００kgの人とでは、飛距離にして実に35mの差ができてしまう。点数に換算すると、１mあたりで１・８点が加算されるラージヒルの場合で、63点の差となってしまうのである。

先に示した表５－６では、初速度が同じ場合、飛行に及ぼす体重の違いは40kgの人と１００kgの人とで５m程度の差しかなかった。いったん飛び出してしまえば、体重の差は無視できるということだ。したがって体重の軽いジャンパーは、助走においていかに初速度を得るかが重要となる。

体重　kg	初速度　m/s	飛距離　m
40	24.48	107.325
60	30.00	121.052
80	34.65	132.592
100	38.73	142.604

5－9　体重による初速度の変化は飛距離をどれだけ伸ばす?

身長分飛び上がる「サッツ」の効用

さて、カンテの角度は水平から下向きに約11度である。すなわち、ジャンパーが角度を変えずに、そのままカンテから飛び出すと、下向きに飛び立ってしまうことになる。せっかく初速度を上げることに成功しても、下方向に11度傾くことで、水平方向には０・９８U（＝$U\cos 11°$）と

式21

$$F = \frac{mv_2 - mv_1}{\Delta t}$$

2％の減少となってしまう。

さらに、下向きに飛び出すことで、11度下方向に初速度0・19U（＝$U\sin 11°$）を与えてしまうので、早く落ちることにもつながる。これでは記録向上はとうてい望むべくもない。

そこで、重要となるのが「サッツ」だ。サッツとは、カンテから飛び出す瞬間に縮めていた足を延ばすことで、飛び上がるようにして上向きの速度成分を与える動きのことを指す。

どれほどの速度で飛び上がればよいのか？　下向きのv_0を打ち消せればいいので、上向きにv_0の速度となる。U＝30m／秒とすれば、5・72m／秒だ。体重60kgを0・3秒のサッツで持ち上げるには、式21で与えられる力Fが必要となる。

この場合、v_1＝0m／秒、v_2＝5・72m／秒、Δt＝0・3秒なので、F＝1144Nの力が必要となる。おおよそ100kgの重りを背負って屈伸するときの力に相当する。

この力で飛び上がると、上向きに飛び上がる高さは1・67mと求められる。だいたい背丈程度の高さを飛び上がることができれば、たとえカンテが下向きになっていても、水平に飛び出すことが可能ということだ。それでも、飛び出し速度は向きを変えられただけで、大きさは0・98Uのままである。サッツの効果は、あくまでも下向きの速度を打ち消すだけなのだ。

初速を上げるための方法③の、空気抵抗係数を小さくするための方策について考えてみよう。

空気抵抗を小さくするには、進行方向に対する投影面積（進行方向を背にしてジャンパーを見たときの面積）を小さくすることである。そのため、「クラウチングスタイル」と呼ばれる体を丸めてしゃがみこんだようなスタイルで滑り降りることになる（図5－8参照）。

寝そべらないかぎり、これ以上は投影面積を小さくできないので、同じ体型であれば体が小さいほうが有利である。たとえば、体重を変えずに体の直径を1％減らしたとすると、投影面積は0・98倍になる。つまり、抵抗係数が2％減少する。これだけで速度は1・01倍となり、1％の増速が可能だ。

ここで注意しなければならないのは、体の寸法を1％減らしたとき、体の体積はその3乗で減少するということである。すなわち、0・97倍となって3％も減少する。体重は体積に比例するので、体重もまた3％減る。これでは、抵抗係数を下げて増速を狙ったにもかかわらず、体重の減りのほうが大きく、速度は結局、元の0・98倍となり、2％の減速となってしまう。

ジャンパーに求められるのは、体重を変えずに体形をスリムにすることである。

手のひらを活用して空気抵抗を調整する

カンテを飛び立ったあとの空中でのジャンパーの姿勢が、飛行に及ぼす影響をもう一度、じっくり考えてみよう。

図5－2に示した力の作用点は、簡単のためにすべて重心にかかるとしていた。確かに、重力は重心に作用している。だが、進行方向とは逆向きにかかる空気抵抗は体の面で受けるので、それを一本のベクトルで表したときの作用点は、体の形に依存して決まり、必ずしも重心と一致しているわけではない。

図5－10に、空気抵抗（D）が、重心から頭の方向にある距離だけズレている場合の力の作用点を示す。重心周りのモーメント（M）は、重心から空気抵抗が作用する点までの距離と、空気抵抗との積で表される。このモーメントがジャンパーの体に作用すると、重心を中心として時計回りの方向に回転する。つまり、頭が持ち上げられるかたちになる。

繰り返し述べているように、飛距離を出すためにはできるだけ体の軸は水平になるようにした

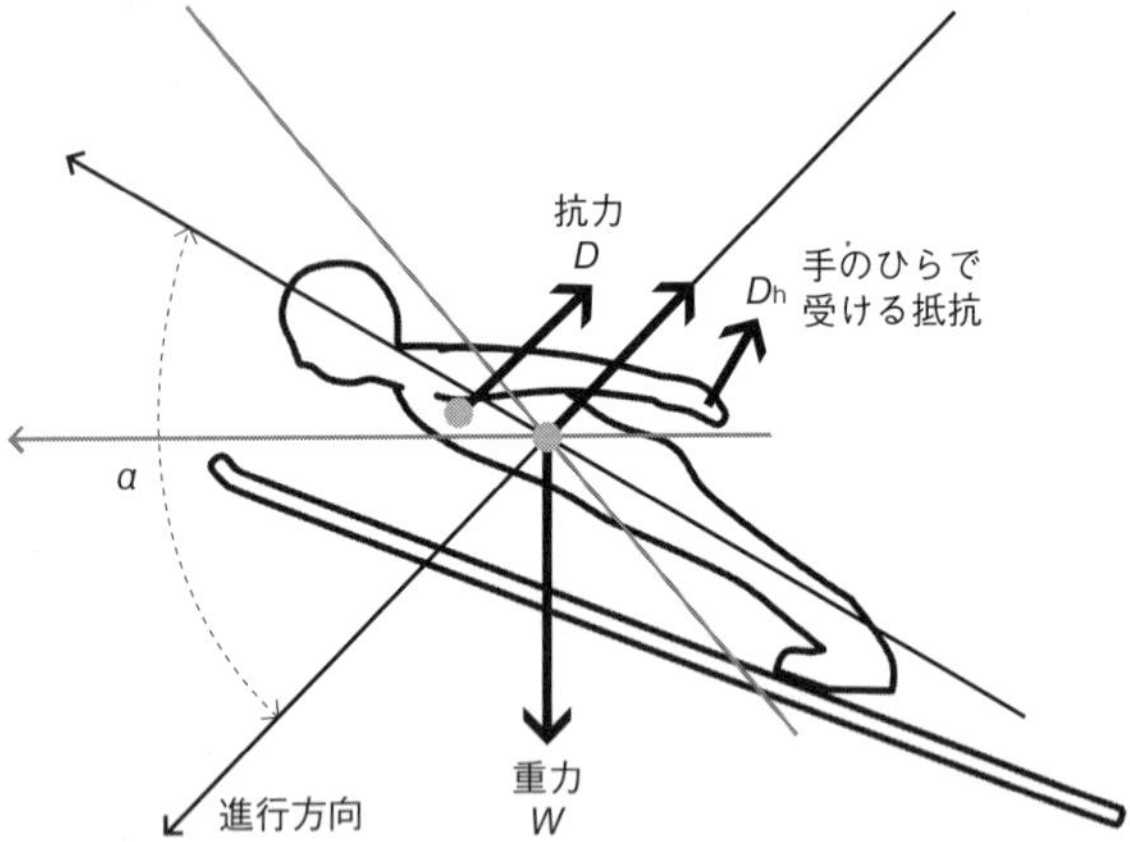

5－10　理想の空中姿勢力を考える

いので、ジャンパーはこのモーメントに対抗して体勢を維持しなければならない。空中で何の支えもない中で力を発揮するのは至難の業だ。どうするのか？

　実は、簡単かつ効果的な方法がある。手のひらを使うのだ。競泳でスピードアップを実現する際にも活躍した手のひらが、ここでふたたび脚光を浴びる。

　図5－10に示したように、抵抗Dよりも重心からの距離が遠くなるようにして、手のひらで抵抗D_hを受け止めるようにするのだ。これにより、頭を持ち上げる方向とは逆向きのモーメントが働き、ジャンパーの体を水平方向に戻してくれる。てこの原理と同じで、手のひらで受ける抵抗の力は小さくても、重心からの距離を長

くすれば十分に効力を発揮する。

手のひらで受ける抵抗をより大きくしたい場合には、どうすればいいだろうか？　腕の長さは変えようがないので、途方に暮れてしまいそうだが、ここでも妙技が存在する。空気の流れに対して手のひらの傾きの角度を変えて、あたかも手のひらの面積を変えるようにして抵抗を調節すればいいのだ。地上のように固定点がない空中で姿勢を変えるには、このように空気の力を借りるより他に手段はない。「抵抗をもって抵抗を制する」のが、ジャンプ競技の上策なのである。

なお、図とは逆に、空力作用点（D）が重心より足に近い側にあるときには、ジャンパーの体には反時計回りの方向にモーメントが作用する。上半身が小さい、あるいは肩幅が狭く足のほうが幅広な人の場合、このような状態では頭が下がる方向に体が傾いていってしまう。先ほどとは逆に、手を前側にもっていって時計回りのモーメントを生み出さないと、頭から地面に突っ込むことになる。

マジックナンバー「36」——手のひら返しで飛距離を伸ばせ！

水平姿勢を保つために重要な役割を果たす手のひらには、もうひとつ効果的な活用法がある。手のひらの使い方をちょっと変えるだけで、ジャンプ後半の飛距離を伸ばすことができるのだ。

カギを握るのは、やはり空気力学的なモーメントだ。ジャンパーの体に働く空気抵抗のモーメントには、ある角度を境に、まったく逆方向に働きはじめる興味深い性質があるのである。

そのある角度とは36度。スキージャンプで金メダルを獲得するための、マジックナンバーである。

空気抵抗のモーメント（図5－10のD×重心からの距離）は、迎角αが36度になるまでは頭を持ち上げる方向に、それ以上の角度になると頭を下げる方向に作用するという風洞実験の結果がある。

体重60kgのジャンパーが30m／秒の速度で飛び出し、体を水平に保って飛んだ場合、迎角が36度となるのは、飛び出してから2秒後、距離で言えば60mほど飛んだあたりである。それまでは、何とか手のひらで抵抗をつくり出して頭を持ち上げようとするモーメントを打ち消し、体を水平に保つ必要がある。それ以降は、逆に手のひらをひっくり返し、手の甲でカーブをつけて翼のようにすることで下向きの力を発生させ、頭を下げようとするモーメントを打ち消すようにする。

このようにして水平飛行を保ったまま90mの地点を超えれば、以降は自由落下による放物線軌道を上回って飛ぶこととなり、K点超えの大ジャンプが実現できる。日の丸飛行隊は、「手のひら飛行隊」でもあるのだ。

ちなみに、空中姿勢と密接に関わるジャンプスーツの機能開発の歴史では、ミズノの荻野毅氏の功績が大きい。「空中においていかに力を得るか?」「どのような姿勢がよいか?」「スーツの生地は?」といった、スキージャンプの競技力向上に不可欠な疑問について、写真5-11に示すような風洞実験を繰り返すことで明らかにし、現在のジャンプスーツに反映してきた。素材はポリウレタンで柔らかく、転倒しても選手がケガをしないように工夫されている。

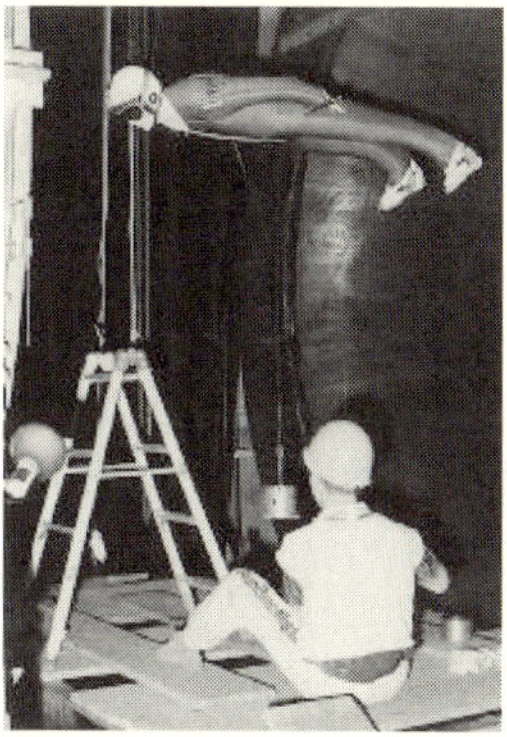

5-11　スキージャンプの競技力向上に貢献してきた風洞実験のようす（1993年撮影。荻野毅氏提供）

流体力学に興味をもっている読者のために、なぜ写真5-11のような風洞実験で、実際のジャンプのようすを解析できるのか、簡単に紹介しておこう。

カギになるのは、これまでにもたびたび出てきた「レイノルズ数」（Re）だ。「ものの寸法×移動速度で表される慣性力」と「動粘性係数で表される粘性力」との比を表すレイノルズ数は、速度が同じであれば寸法の大きいほうが大きく、寸法が同じであれば速度が大きいほうが大きいという性質がある。

このため、ものの大きさが違っても、速度を調整することで同じレイノルズ数に合わせることができるのだ。レイノルズ数を同一の値にすることで、実際にジャンプをしなくても、風洞実験が可能になる。模型飛行機を使って、人工の気流の中で飛行実験のデータを得るのもまったく同じ手法だ。実物大の飛行機を使わずにすむのだから、きわめて有用と言える。

また、レイノルズ数さえ同じにしてやれば、実際には水中で動くものも、空気を使った実験に置き換えることができる。レイノルズ数を揃えることで、水中であろうが空中であろうが同じ現象として扱うことができるため、世の実学においてレイノルズ数はきわめて大きな役割を果たしている。そして世の実学に資することこそ、工学の大きな務めのひとつなのだ。

風洞実験を駆使して工夫を重ねてきた結果、現在、日本の選手たちが着ているジャンプスーツは、すべて荻野氏が開発したものとなっている。

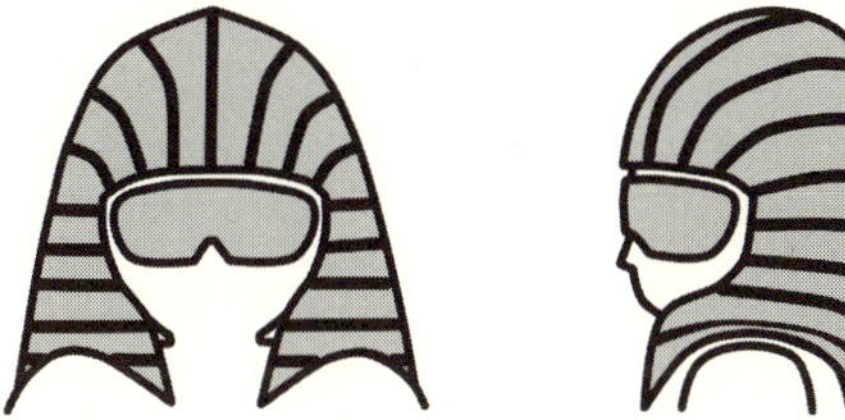

5－12　水平方向には低抵抗、垂直方向には高抵抗型のヘルメット

「究極」一歩前の飛行法

　実は本章の最後では、現在のジャンプ界の常識を覆す新たな飛行法を紹介するのだが、ここではひとまず、以上の考察からのキーポイントをまとめておこう。

①助走において、飛び出しの初速度をいかに速くするか。体形をスリムにしつつ、体重を増やす。

②サッツのときの蹴り上げ速度を獲得して、飛び出し方向を水平にする（下向きにかかっている速度を可能なかぎり減らす）。

③飛び出したらすぐに体を水平姿勢にする。手のひらを最初は甲を上側に、60m以降は甲を下側にして空気抵抗をうまく制し、水平姿勢を維持する。この状態をがんばって維持すれば、90m以降は放物線軌道よりも上側を飛ぶことができ、飛距離を伸ばすことができる。K点超えの大ジャンプを達成するには、「水平方向に

飛ぶ」意識が重要である。

④（姑息な手段かもしれないが）体重が軽い人は、ウェアやヘルメット、スキー板などに、なるべく重いものを使う。特に重いヘルメットには、踏み切り直後の時計回りのモーメントを打ち消す効果もあるので、飛び出してすぐ水平姿勢を取りやすくなる。

⑤図5-12に示すように、ヘルメットの形状を水平方向には低抵抗、垂直方向には高抵抗となるようにする（競技規定では、ヘルメット外側の表面と頭の間隔は7cm以下とすることが定められているので、慎重に形状を設計する必要がある）。

これら5つのポイントを実行することが、物理学が考える「スキージャンプにおける金メダル獲得戦略」だ。だが、これを究極と呼ぶのはいささか気が早い。競泳や陸上競技で生きものたちの泳ぎや走りに学んだように、飛ぶ生物から採り入れられる要素がまだ残っている。

次項以降で生きものたちの飛行にヒントを得たうえで、常識破りの究極のジャンプをご紹介しよう。

ムササビの滑空に学ぶ

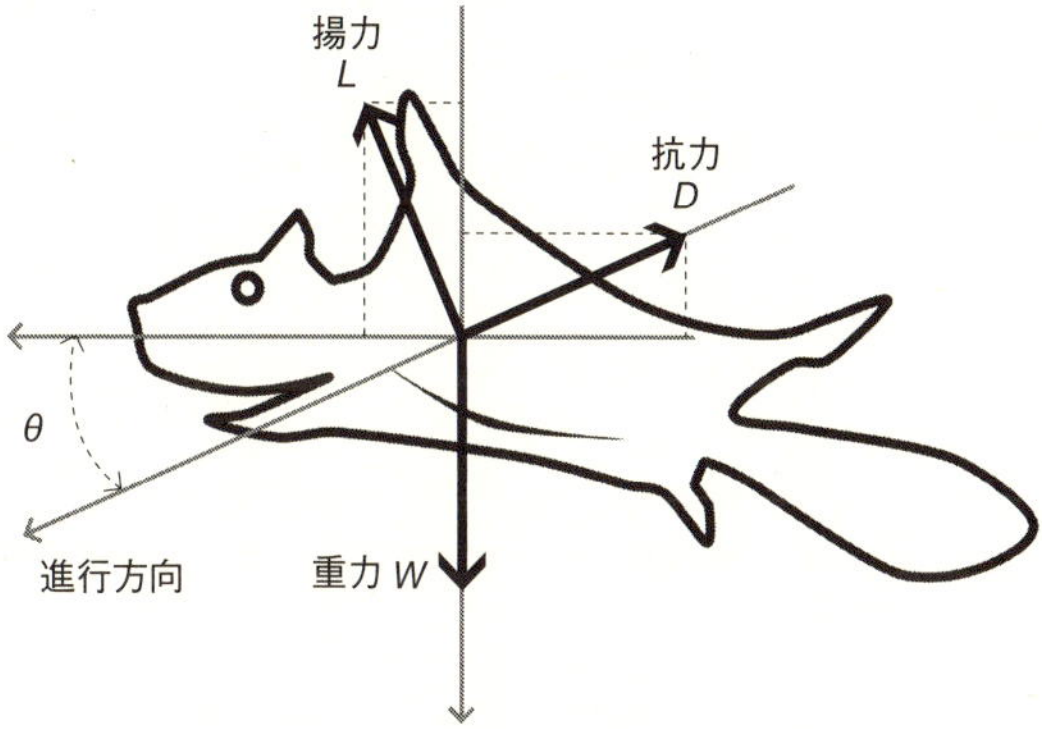

5－13　滑空するムササビに作用する力

スキージャンプからいったん話が逸れるようだが、ここで鳥や昆虫の飛行について考えてみよう。

生きものたちの飛行形態には、①翼や羽を使った羽ばたきによる動力飛行と、②動力を使わない滑空、の2種類がある。羽ばたく翼をもたないジャンパーの飛行に援用するには、動力を使わない飛行こそ興味の対象である。タンポポの綿毛のような植物の種子や、人間が行うジャンプは抗力型の飛行、すなわち落下だが、モモンガやムササビはグライダーのように滑空する。

滑空とは、揚力を得て移動する飛行形態である。揚力は、図5－13に示すように移動方向に対して直角に作用する力（L）である。

この図から、揚力の成分は前進する方向の力＝推力になっていることがわかる。逆に言えば、前進方向に推力を生み出すためには、揚力を発生させなければならない

式22

$$L = mg\cos\theta$$
$$D = mg\sin\theta$$

ことを意味している。これに対し、抵抗の垂直方向の成分は重力に抗する力となっている。

いま、x方向（水平方向）の速度Uとy方向（垂直方向）の速度Vがともに等速である場合を考えてみよう。この場合、両方向の加速度はいずれも0であるから、これらを条件に両方向の運動方程式を解くと式22となる。

すなわち、等速運動の場合には、その物体の質量と滑空飛行の角度を計測することにより、揚力（L）と抗力（D）を求めることができる。また、揚力と抗力の比（L/D）から次のことがわかる（図5-14）。

①揚力が抗力より大きい場合、滑空角度は45度より小さく、揚力が大きければ大きいほどその角度は小さくなり、遠くまで飛べる。
②揚力と抗力の大きさが等しい場合、滑空角度は45度である。
③揚力が抗力より小さい場合、滑空角度は45度より大きく、急な角度で下降する。

高さHのところから滑空したとすると、着地地点は式23で与えられる。すなわち、L/Dが大きいほど遠くまで飛べる。この揚力と抗力の比を「揚抗比」と呼ぶ。

速度Uと速度Vの大きさの比も、滑空経路の角度と同じになる。すなわち、「揚抗比」が大きいと下向きの速度の大きさが小さくなり、着地するまでの時間が長くなる。

たとえば、H＝10ｍの高さから、U＝2ｍ／秒で水平に飛び出したL／D＝2・0の物体が等速で滑空するとき、V＝1ｍ／秒と求められる。10ｍを1ｍ／秒で下降するので、着地までに10秒かかる。その間、水平方向には20ｍ移動することになる。

着地点を2倍の40ｍまで伸ばしたいときには、揚抗比を元の倍にすればよい（L／D＝4・0にする）。このための方策として、①抗力はそのままで、揚力を単純に2倍になるようにする、②揚力をそのままで、抗力を単純に半分になるようにする、③揚力および抗力の比が2倍となるような形状にする、の3つがある。

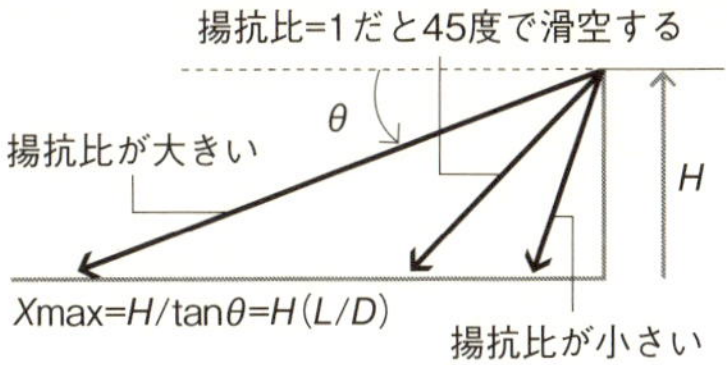

5－14　揚抗比(L/D)の違いによる滑空経路の違い

失速角に注意せよ

それでは、より飛距離を稼ぎ出すために、揚力と抗力をどう考えれ

式23

$$x_{max} = H\left(\frac{L}{D}\right)$$

ばよいのか？

ここでは、両者と密接な関係をもつ翼の形（翼型）との関わりを見てみよう。キーワードは「迎角」だ。改めて確認すると、迎角とは、空気の流れの方向に対して翼が角度αだけ傾いているときの角度のことだった。

迎角を大きくしていくと（＝空気の流れに対して翼の傾きを大きくしていくと）、迎角に対する揚力係数（C_L）は、ほぼ直線的に増加していく（図5－15左下のグラフ）。ところが、破線のポイントでピークを迎えた揚力係数は急激に減少する。飛行していた物体はこのポイントで失速するため、この角度を「失速角」と呼ぶ。迎角が失速角にいたると、翼に空気の流れが沿わなくなるためだ（翼から空気の流れがはがれる剥離が生じる）。

これに対し、迎角の増加とともに値を増してきた抗力係数（C_D）は、迎角が失速角より大きくなると急激に増加する。

両者の関係を、横軸に抗力係数（C_D）、縦軸に揚力係数（C_L）をとり、迎角αの変化に対してどう推移するかを示したのが、図5－15右下のグラフである。「極曲線」と呼ばれるこの曲線に、原点から接線を引いたとき、その傾きが最大揚抗比となる。

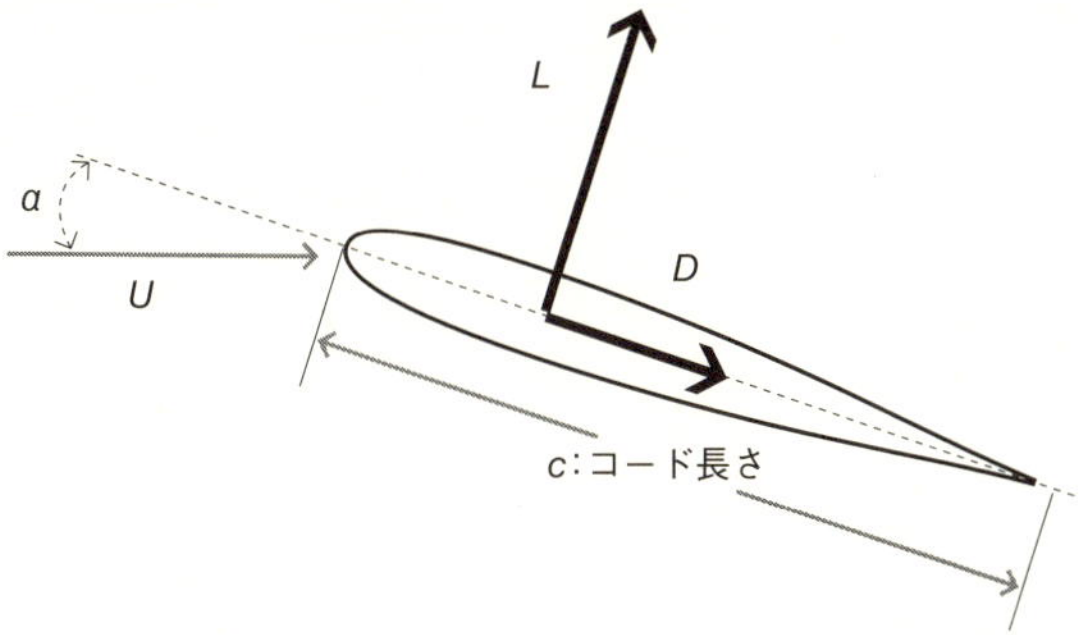

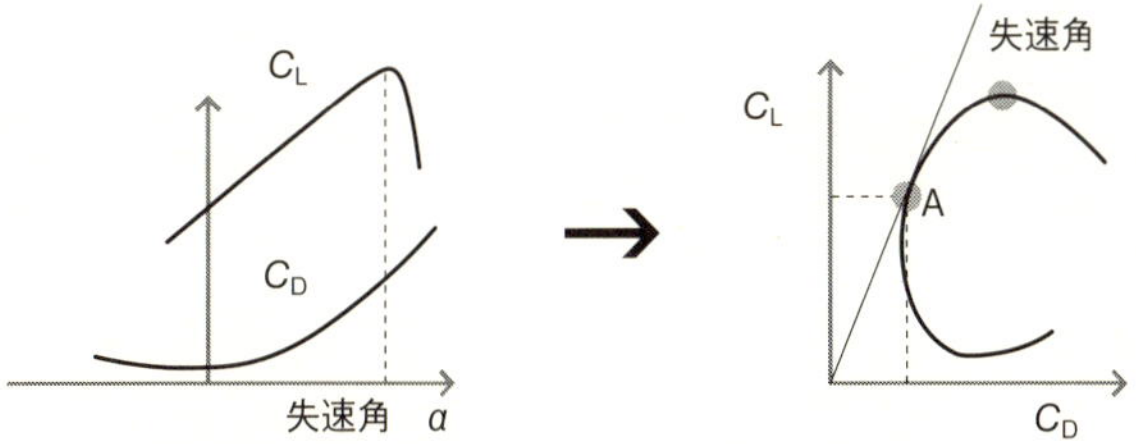

5－15　迎角に対する揚力係数と抗力係数の変化

つまり、その接線の示す角度（図中のA）が、最大揚抗比を与える迎角となる。

物体の断面形状がいわゆる翼型でなくても——たとえば直線であっても、この関係は成り立つ。現に、平板翼でも迎角によって揚力を発生させることができる。平板翼に図5－16のようなキャンバー（曲げること）をつければ、揚抗比の大きな翼をつくることも可能だ。

猫背で飛ぶ!?

翼の形について考えるときには、

「アスペクト比」（AR）という概念を避けては通れない。いかにも難しげな言葉だが、何のことはない、翼の縦と横の比のことだ。図5－17では、b^2/Aがアスペクト比になる（bは翼のスパン長さ、Aは翼面積）。アスペクト比に対する極曲線を比較してみよう。

低アスペクト比の翼では、揚力係数の最大値は大きくできるが、抗力係数も大きくなる。ただし、失速角は大きくとれるので、高アスペクト比の翼より、迎角の変化に対する急な揚力変化は起きにくい。つまり、失速しにくい安全な飛行が実現できる。

また、揚力と抗力を合成した力は低アスペクト比の翼のほうが大きく、低速では有利となる。和凧は、この合力で飛んでいる。

翼の軸線の曲がりをキャンバーと呼ぶ

5－16　キャンバーつきの平板翼

人間にこの原理を応用するとどうなるだろうか？　もともと低アスペクト比なので、空中での姿勢を翼のようにすることで、揚力が出せる可能性がある。参考になるのは、図5－16に示したキャンバーだ。

人間の体にどうキャンバーをつけるのか？　形から想像がついた読者もいるだろう。〝猫背〟で飛べばよいのだ。ここでひとつ、新たなジャンプの可能性を切りひらく材料が手に入った。

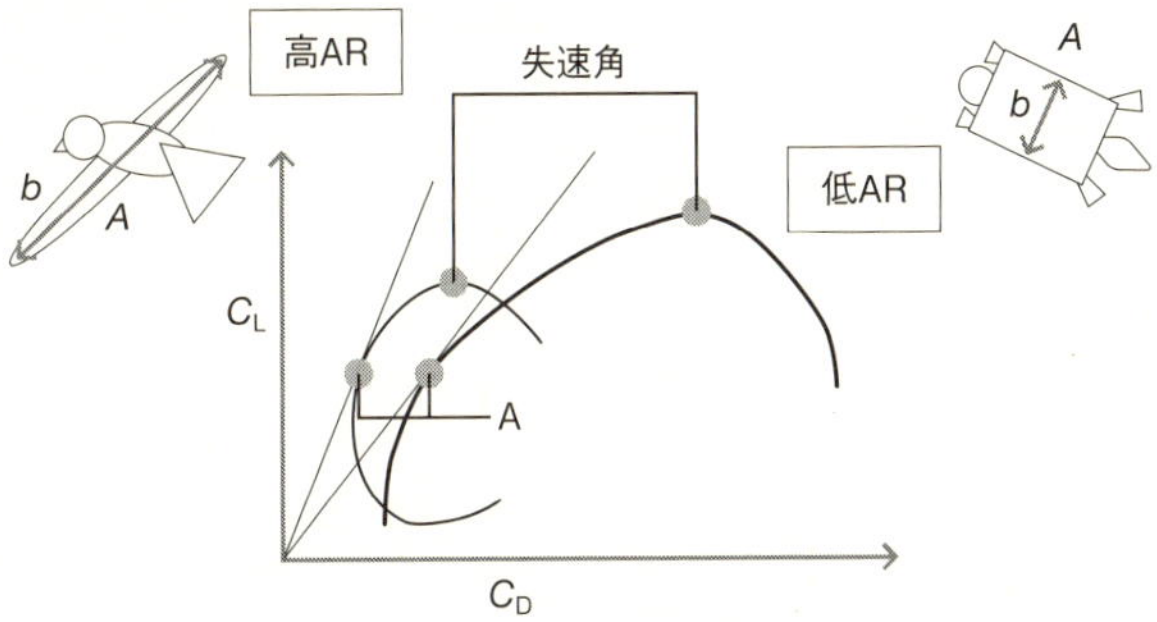

5－17　アスペクト比（AR）による特性の違い

新手の「抵抗」勢力が出現！

低アスペクト比の人間の体には、乗り越えなければならない最後の難敵が残っている。ここまでは登場しなかった新手の抵抗だ。オリンピックに勝つ物理学の前に立ちはだかるのは、どこまでいっても文字どおりの「抵抗」勢力なのである。

もう一度、空中を飛行する物体にかかる抵抗の種類を確認しておこう。

音速に比べて遅い速度で飛行する場合に作用する抵抗には、形状抵抗と摩擦抵抗があった。この両者に関しては競泳や陸上競技と同じで、低減対策として次の４つが挙げられる。

①抵抗係数を小さくする、

②面積を小さくする（形状抵抗の場合は投影面積、摩擦抵抗の場合は表面積）、
③飛行速度を遅くする、
④低密度中を飛ぶ、
である。

①、②に対する具体的対策としては、他の項目で説明してきたように、形状と表面特性を工夫することであり、その際に、生物から学ぶことが必要だった。③、④に関しては、飛行の仕方そのものに工夫をして対応することになる。

さて、ここで新手の「抵抗」勢力の登場だ。「誘導抵抗」である。

誘導抵抗は、翼が揚力を発生することに起因する抵抗だ。揚力を発生しない翼には、誘導抵抗も発生しない。もっとも、揚力を発生しないものは翼としての機能を果たさないので、翼とは呼べないのだが……。

誘導抵抗係数は、揚力係数の2乗をアスペクト比で割ることで求められる。揚力係数の大きな翼、すなわち性能のよい翼であればあるほど、誘導抵抗も大きくなるということだ。他方、誘導抵抗係数は翼のアスペクト比に反比例するので、アスペクト比が小さな翼ほど誘導抵抗係数は大きくなる。

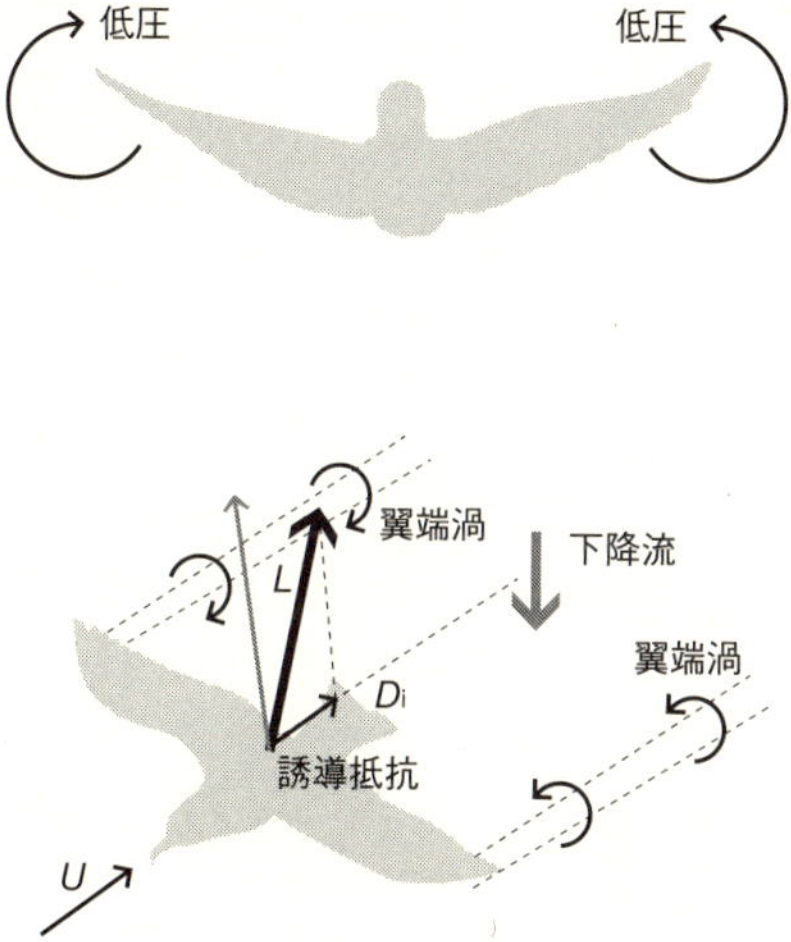

5－18　翼端渦による誘導抵抗

つまり、人間が飛行する場合には、この誘導抵抗が大きな障害になるのである。

アホウドリにならえ！

翼が揚力を発生するのは、翼の上面と下面とに圧力差が生じるからである。空気は、圧力の低いほうに向かって流れるので、図5－18上に示すように、正面から見ると翼の下面から上面に向かって、翼端から回り込むような流れである縦渦が生じる。

飛行機の翼端から二筋の飛行機雲として見えるのがこれである（写真5－19）。翼の上面と下面の圧力差が大きいほど、すなわち揚力が大きいほど回り込みが強く、それが下流に流され

5－19　飛行機雲の正体は翼端に発生した縦渦（アフロ）

て回転する管状の流れとなる。「翼端渦《よくたんうず》」と呼ばれるものだ。

翼端渦の間では、この渦によって下降流が生じる（図5－18下）。この下降流に下向きの運動量の変化を与えた分だけ、翼には揚力（図中のL）が発生する。下降流が強いほど、すなわち渦の回転が強いほど、翼には大きな揚力が作用することになる。

この現象は、翼の上面と下面の圧力差が大きいことに由来するので、大きな揚力を生じさせる翼の後方には、それだけ強い下降流が生じている。この下降流によって、揚力の作用方向が後方に傾くために（図中の太い矢印参照）、傾いた揚力の進行方向とは逆方向の成分が誘導抵抗として現れるのだ。「揚力の発生する翼にだけ誘導抵抗が生じる」とはこういうことだ。

問題は、この新たな抵抗にどう対処するかだ。

誘導抵抗を減らすには、2つの方法が考えられる。①揚力抵抗係数の小さな翼を用いるか、②

アスペクト比の大きな翼を用いるか、である。

揚力抵抗係数が小さいと、飛行物体の重さを支えるのに翼面積を大きくとらなければならなくなり、摩擦抵抗が大きくなってしまう弊害がある。したがって、②のアスペクト比を大きくするのが正解だ。こうすれば、揚力抵抗係数を下げずに誘導抵抗を下げることができる。

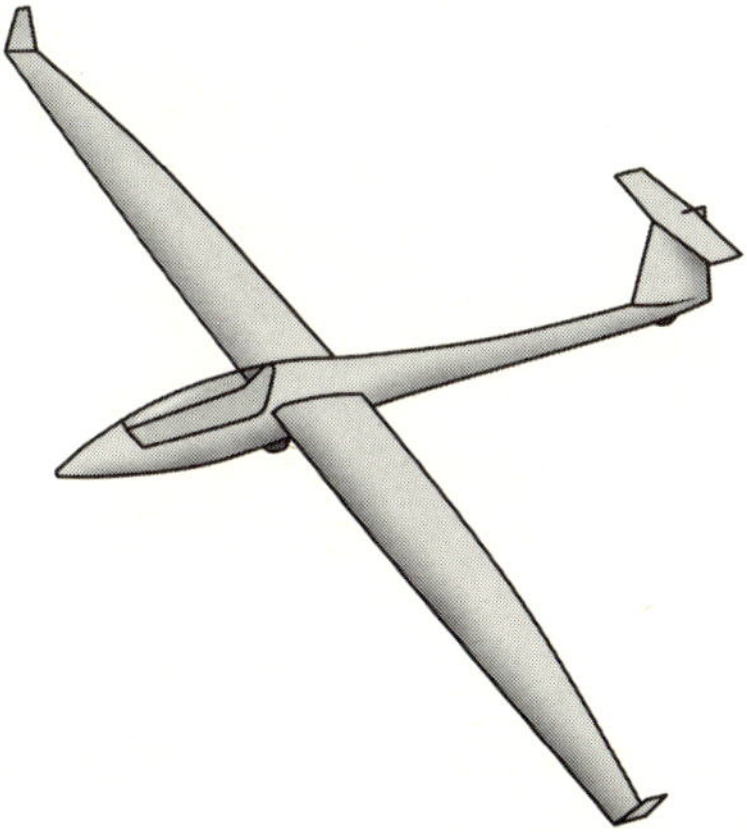

5-20 グライダーにおけるアスペクト比の大きい翼

モデルになるのはアホウドリだ。彼らのように大型で滑空する海鳥は、細長い翼をもっている。実際に、動力をもたないグライダーは、図5-20のようにアスペクト比の大きな翼を採用している。

鳥たちの飛行には、学ぶべきところが多々ある。

鳥の翼を詳しく見てみると、羽の先端に「初《しょ》列《れつ》風《かざ》切《きり》羽《ばね》」と呼ばれる部分がある（図5-21）。このちょっとした形状の工夫で、翼の先端における下面からの気流の回り込みに対処し

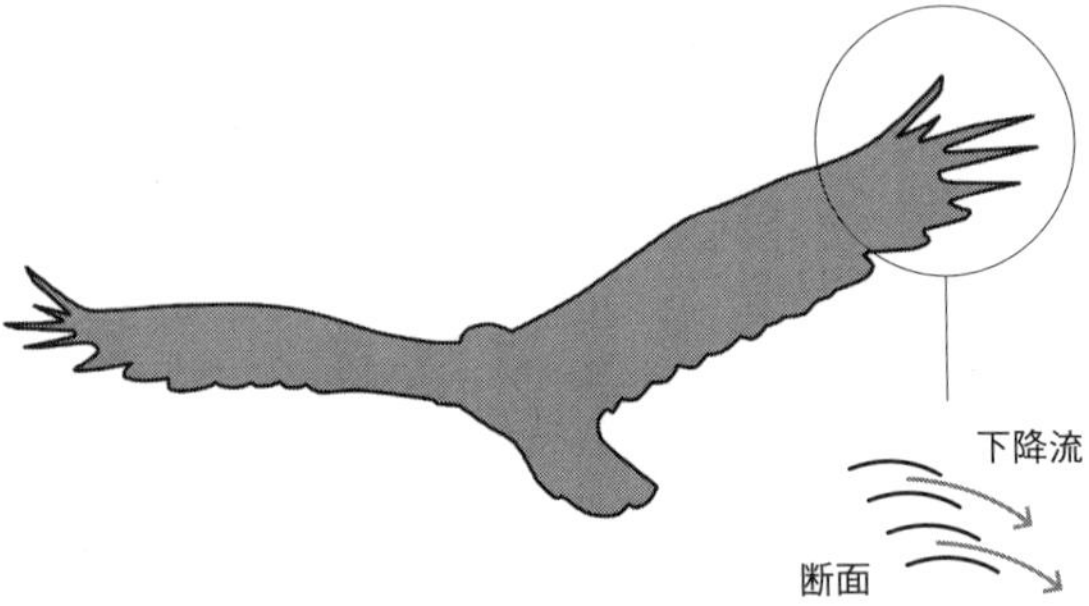

翼端の回り込み速度を小さくする

5－21　初列風切羽はプロペラと同じ推進力発生装置であり、翼端渦による誘導抵抗の低減装置でもある

ているのだ。先にも述べたとおり、翼端では上向き方向の空気の流れになっているが、初列風切羽の列の隙間からの下降流によってこの気流の回り込み速度を抑え、翼端渦の回転速度を小さくすることで、渦の強さを弱めているのである。

この効果によって、翼後方に発生する空気の下降速度を小さくし、誘導抵抗を弱めている。

これを航空機に応用したものに、ジャンボ機の「ウイングレット」に見られるような翼端板がある（図5－22）。

究極のジャンプ「逆V字三角飛び」

初列風切羽やウィングレットは翼端渦を嫌った対抗策だが、積極的に翼端渦を活用する発想もある。この発想こそ、日の丸飛行隊ならぬ「手のひら飛行隊」をさらなる高みへと導いてくれる斬新なアイデアの源泉だ。

翼端渦を積極活用する秘策とは、「三角翼」と呼ばれるものだ（図5－23）。翼端からはがれた空気の流れ（剥離渦）が翼の上面にあるため、その渦の下に位置する翼表面では圧力が低下し、揚力が増加する。この揚力の増加分を「渦揚力」と呼ぶ。この翼のアスペクト比は小さいので（幅に比べて長さが短い）、生物が出しうるくらいの低速の飛行では合力が大きくなり、有利である。

また、翼端渦によって生じる下向きの流れによって、翼上面からの空気の剥離が抑えられ、失速しにくいというメリット

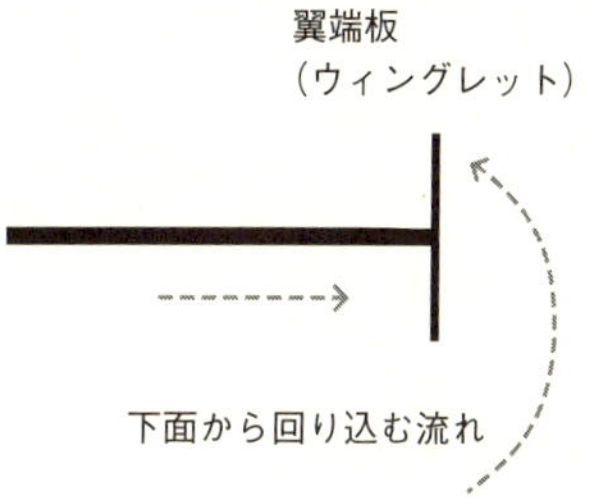

5－22　翼端板によって翼下面から上面に向かう流れを阻止する

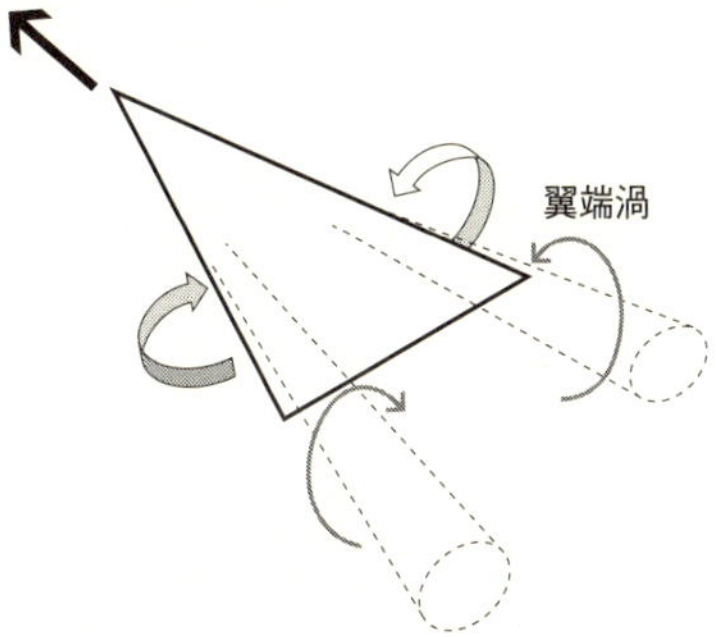

5－23　翼端渦を積極活用する三角翼

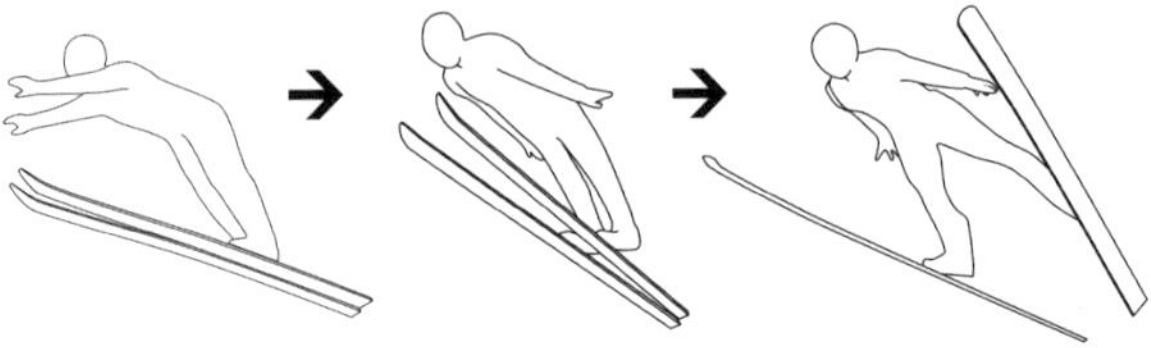

5－24　スキージャンプの飛行姿勢の変遷

もある。

もうお気づきだろう。誰もが一度はつくったことのある紙ヒコーキの飛ぶ原理そのものである。三角翼が低速で飛ばすのに適した形であることを、われわれは感覚的に知っているのだ。

図5－24右に示すように、現在のスキージャンプの飛行姿勢は、V字ジャンプが主流となっている。だが、流体工学や航空工学の知見からは、「逆V字ジャンプ」こそ、究極の飛行姿勢である。渦揚力を使えるからだ。

V字ジャンプには、選手が視界を確保しやすいというメリットもあるが、この飛行姿勢では縦渦が体の外側となってしまい、揚力として活用できない。揚力を味方につけて飛行距離を稼ぐ観点からは、ぜひとも逆V字飛行をすすめたい。

図5－24には、左から順にこれまでのスキージャンプの飛行姿勢の変遷を示してある。当初はスキー板を閉じていたものが、徐々に先端を開き、現在のV字へと移行してきた。初めてスキー板の先端を開いて飛ん

だ選手には、想像を絶する勇気が必要だったことだろう。そのような工夫の歴史には、工学屋として大きな拍手を贈りたい。

だが、本章を通じて述べてきたことを総合して、図5－25のような新姿勢での飛び方を提案する。名づけて「逆V字三角飛び」だ。

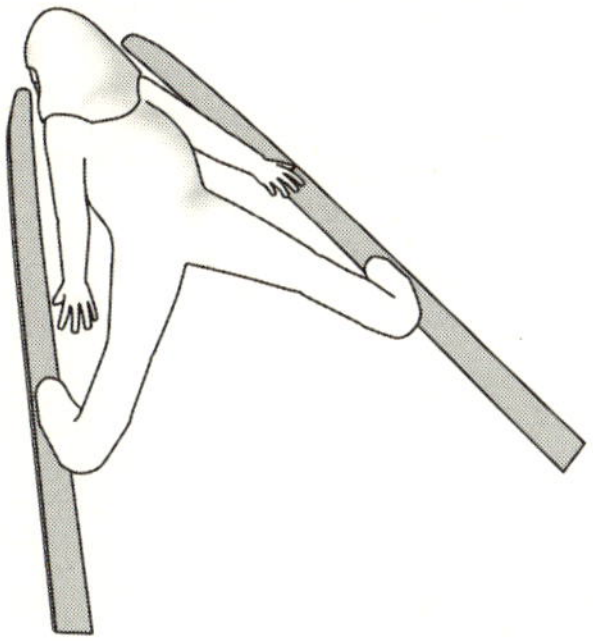

5－25　新姿勢「逆V字三角飛び」

翼端の縦渦を利用できるようにスキー板を逆V字にし、167ページの図5－12で紹介したヘルメットの形状とともに、三角翼の飛行機になりきるのである。ヘルメットはできるだけ重いものを使い、背中は猫背にして揚力を生み出すようにする。飛行距離60mを境に手のひらを上手にひるがえして、水平方向を維持することも重要だ。

こうして、現時点での物理学の知識を最大限に盛り込んだ究極の飛行姿勢が完成する。マジックナンバー「36」を意識しながらK点を飛び超えれば、金メダル確実だ。

おわりに

競泳、陸上競技、球技、スケート、スキージャンプと、5つの章に分けて、夏季と冬季両オリンピックの主要種目について、物理学、なかんずく流体工学の視点から「金メダル」を獲るための戦略を追究してきた。

「マグロジャパン」や「逆V字三角飛び」など、地道な努力を重ねてきた選手やコーチの方々からすれば、「何を言っているんだ！　スポーツの成果は日頃の練習のたまものであって、姑息な手段を使ってまで勝ちたいとは思わん！」と、お叱りを受けるかもしれない。だが、プロローグでも述べたように、根性だけではライバルに勝てないのもまた事実である。

トレーニングによって鍛え上げたアスリートとしての能力に、科学的探究が明らかにしてきた物理の法則を加えれば、4年に一度の晴れ舞台でもっと輝けるはずだ。もちろん、私の提案の中には、競技規則上の制約で実現不可能なものや、そもそも人間の身体ではなし得ないものも含まれてはいる。

だが、私の思いはひとつだ。あくまでも、練習や工夫の道標にしてもらいたいのである。まだ誰も試したことのない方法を本書から見出すことができれば、必ずや勝利につながるという確信があるからだ。

本書は、さらなる好記録を狙うためにどうすればよいかを、物理的・科学的に解説することに徹した。実際の競技における感覚や経験には乏しい私だが、それらを排除してこそ、理想的な方法を客観的に考えることが可能となる。それを実行し、実現するには、練習や経験の積み重ねが必要であることは間違いない。

そのプロセスを経るのに、明確な目標をもっていただきたいのである。荒唐無稽なものでも非現実的なものでもなく、科学的にあり得る数値だからこそ、明確な目標になる。本書では紙幅の都合で限られた種目についてのみ対象としたが、同様にすべての競技について、科学的で具体的な目標を見出すことが可能だ。

本書で使っている数学は、基本的に高校までに習うものである。式そのものは難しいものではないが、それに意味をもたせるのは使うわれわれの側である。空気抵抗や水の抵抗を表す式を随所に使ったが、式の形は同じでも、その係数のもつ意味はそれぞれで異なる。

数式に苦手意識のある人は多いと思うが、本書を通じて、数式にはスポーツにも役立つ使い方があるのだということを理解していただければ幸いだ。そうすれば、科学の世界に興味をもってくれる人が、きっと増えるはずである。

そして、実際に各競技に取り組んでいる人、なかでもオリンピックで金メダルを目指している人には、ぜひ一度、自分の体の数値や現在の速度などを計算してみてほしい。たとえば競泳では、指の第一関節の長さが少し違うだけで、100分の1秒の差は簡単に出る。ならば、爪を伸ばすのも有力な記録向上手段なのだ。爪を伸ばせば手のひらの面積も広がり、推進力も上がる。いいことずくめだ。

こういうちょっとした視点の違いが、新たな記録を生み出すきっかけになる。観戦専門という人にとっても、ほんのちょっとした見方の違いで選手たちが繰り広げる闘いの景色が変わるはずである。応援の仕方だって変わるだろう。

オリンピックの各競技をはじめとするスポーツは、人を興奮させ、悔しがらせ、そして最高の歓喜をもたらしてくれる。本書が、その幸せに一味加えてくれることを切に願っている。

ロンドンオリンピック開催を間近に控えた2012年7月吉日

著者

【ら行】

【さ行】

【た行】

さくいん

【人名】

【アルファベット】

【あ行】

【か行】

N.D.C.501.23　190p　18cm

ブルーバックス　B-1780

オリンピックに勝《か》つ物理学《ぶつりがく》

「摩擦」と「抵抗」に勝機を見出せ！

2012年7月20日　第1刷発行

著者　望月《もちづき》　修《おさむ》

発行者　鈴木　哲

発行所　株式会社講談社

〒112-8001　東京都文京区音羽2-12-21

電話　出版部　03-5395-3524

販売部　03-5395-5817

業務部　03-5395-3615

印刷所　（本文印刷）慶昌堂印刷株式会社

（カバー表紙印刷）信毎書籍印刷株式会社

製本所　株式会社国宝社

定価はカバーに表示してあります。

ISBN978－4－06－257780－9

発刊のことば

科学をあなたのポケットに

二十世紀最大の特色は、それが科学時代であるということです。科学は日に日に進歩を続け、止まるところを知りません。ひと昔前の夢物語もどんどん現実化しており、今やわれわれの生活のすべてが、科学によってゆり動かされているといっても過言ではないでしょう。

そのような背景を考えれば、学者や学生はもちろん、産業人も、セールスマンも、ジャーナリストも、家庭の主婦も、みんなが科学を知らなければ、時代の流れに逆らうことになるでしょう。

ブルーバックス発刊の意義と必然性はそこにあります。このシリーズは、読む人に科学的に物を考える習慣と、科学的に物を見る目を養っていただくことを最大の目標にしています。そのためには、単に原理や法則の解説に終始するのではなくて、政治や経済など、社会科学や人文科学にも関連させて、広い視野から問題を追究していきます。科学はむずかしいという先入観を改める表現と構成、それも類書にないブルーバックスの特色であると信じます。

一九六三年九月

野間省一